AKKORDKREATIVITÄT FÜRJAZZGITARRE

Eine komplette Anleitung zum Meistern von Jazzgitarren-Akkorden überall auf dem Griffbrett

TIMPETTINGALE

FUNDAMENTALCHANGES

Akkord-Kreativität für Jazzgitarre

Eine komplette Anleitung zum Meistern von Jazzgitarren-Akkorden überall auf dem Griffbrett

ISBN: 978-1-78933-192-9

Veröffentlicht von **www.fundamental-changes.com**

Urheberrecht © 2020 Tim Pettingale

Herausgegeben von Joseph Alexander

Das moralische Recht dieses Autors wurde geltend gemacht.

www.fundamental-changes.com

Über 11.000 Fans auf Facebook: **FundamentalChangesInGuitar**

Instagram: **FundamentalChanges**

Für über 350 kostenlose Gitarrenlektionen mit Videos Besuche

www.fundamental-changes.com

Der Ton für dieses Buch wurde mit einer Eastman AR380CE-HB John Pisano Signature Model Gitarre aufgenommen. Das Copyright für das Coverbild: Eastman Music Company, mit Genehmigung verwendet.

www.eastmanguitars.com

Inhaltsverzeichnis

Einführung

Nach ein paar Jahren Rock, Soul und Funk entdeckte ich schließlich eine Leidenschaft für den Jazz und begann, vielen der Meister zuzuhören – vor allem Joe Pass, Wes Montgomery, Pat Martino und Jim Hall. Von einem autodidaktischen Hintergrund kommend, las, hörte und spielte ich so viel ich konnte und machte einige Fortschritte, aber schließlich wurde mir klar, dass ich fachlichen Input von einem Lehrer brauchte.

Es gab keinen Mangel an Informationen – mein Dilemma war, genau zu wissen, *was* ich lernen sollte, um ein besserer Jazzgitarrist zu werden. Manchmal braucht es einen guten Lehrer, der sich dein Spiel anschaut und die Lücken identifiziert, die es zu schließen gilt, und ich hatte das Glück, einen solchen in dem legendären Jazzpädagogen Adrian Ingram zu finden.

Es wurde schnell klar, dass ich nur in bestimmten vorhersehbaren Bereichen des Halses Akkord-Voicings kannte. Ich konnte zwischen diesen springen, aber was war mit dem Niemandsland dazwischen?

Damals begann ich zu studieren, wie man Akkorde über das gesamte Griffbrett ausarbeiten kann, so dass kein Bereich außerhalb der Grenzen liegt und man den vollen Umfang des Instruments nutzen kann. Dies ist eine Lebensaufgabe, aber in diesem Buch habe ich eine kreative Methode für Jazzgitarristen zusammengestellt, die die praktische Anwendung ihres Akkordwissens im musikalischen Kontext schnell verbessern wollen.

Hier lernst du:

- Wie du Dur-, Moll-, Dominant- und halbverminderte Akkorde in mehreren Positionen spielst, die den Bereich des Gitarrenhalses umfassen

- Wie du diese Akkorde in ii V I-Sequenzen in "Zonen" am Hals miteinander verbindest

- Wie du Akkordfolgen "vertikal" spielst, die Voicings kombinierst und die ganze Bandbreite des Instruments nutzt, um schöne, melodische Comping-Ideen zu kreieren

Am Ende dieses Buches wirst du Jazzgitarrenakkorde auf eine viel melodischere und interessantere Weise spielen. Das macht dich zu einem besseren Begleitmusiker und gibt dir viel mehr Möglichkeiten beim Spielen mit anderen Musikern. Diese Methode wird auch in dein Solo-Chord-Melody-Spiel einfließen, wenn du diesen Bereich verbessern möchtest.

Es werden ein paar nette Substitutionsideen eingeworfen und, was am wichtigsten ist, du wirst dieses Wissen auf die Changes einiger bekannter Jazzstandards anwenden. Alles, was wir lernen, *muss* in der Praxis angewendet werden, sonst nehmen wir es nicht wirklich auf.

Die Ideen in diesem Buch sollen das Griffbrett öffnen, so dass du nie in begrenzten Bereichen feststecken wirst. Ich hoffe, es wird dich zu eigenen kreativen musikalischen Ideen inspirieren.

Viel Spaß beim Spielen,

Tim

Hol dir das Audio

Die Audiodateien zu diesem Buch stehen unter www.fundamental-changes.com zum kostenlosen Download zur Verfügung. Der Link befindet sich in der rechten oberen Ecke. Wähle einfach diesen Buchtitel aus dem Drop-Down-Menü und folge den Anweisungen, um das Audio zu erhalten.

Wir empfehlen, die Dateien direkt auf deinen Computer und nicht auf dein Tablet herunterzuladen und sie dort zu extrahieren, bevor du sie deiner Medienbibliothek hinzufügst. Du kannst sie dann auf dein Tablet, deinen iPod legen oder auf CD brennen. Auf der Download-Seite gibt es ein Hilfe-PDF und wir bieten auch technische Unterstützung über das Kontaktformular.

Für über 350 kostenlose Gitarrenlektionen mit Videos besuche:

www.fundamental-changes.com

Über 11.000 Fans auf Facebook: FundamentalChangesInGuitar

Instagram: FundamentalChanges

Kapitel Eins – Ein wesentliches Akkordprinzip

Eines der Dinge, die die Gitarre zu einem so zugänglichen Instrument machen, ist die Tatsache, dass wir Akkorde in einfachen, einprägsamen Mustern lernen können. Mit der Zeit kann jedoch das, was uns geholfen hat, so schnell zu lernen, zu einem Hindernis für den Fortschritt werden. Gitarristen lieben Muster und die Arbeit in Boxen, wenn wir also einen bestimmten Akkord auf einem Musikstück sehen, ist es nur allzu leicht, nach einer vertrauten Form zu greifen. Einen Durchbruch hatte ich, als ich erkannte, dass bestimmte Formen für mehrere Zwecke verwendet werden können und sich damit meine harmonischen Möglichkeiten eröffneten. Das ist an sich schon ein großes Thema, aber in diesem Kapitel werden wir uns ein paar „übertragbare" Formen ansehen, die besonders für die Jazzgitarre nützlich sind.

Eine der gebräuchlichsten Formen für den Major-7-Akkord, der überall im Jazz auftritt, ist unten abgebildet (Gmaj7). Jazzgitarristen neigen dazu, diese Form früh zu lernen, da sie ganz natürlich unter die Finger fällt und einfach gut klingt.

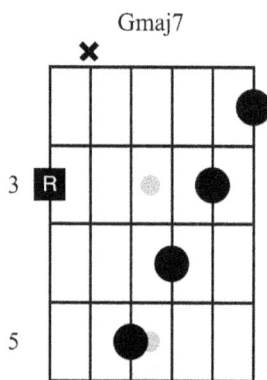

In Position 3 gespielt, wird in der Regel ein Basston auf der tiefen E-Saite hinzugefügt, der mit dem Daumen über dem Hals gespielt wird. Der tiefe G-Bass hilft, den Akkordklang für den Zuhörer in einen harmonischen Kontext zu setzen.

Wenn wir jedoch den Basston durch einen anderen ersetzen, wobei alle anderen Töne gleich bleiben, ändert sich der Kontext des Akkords. Das folgende Diagramm zeigt die Auswirkung der Änderung des G-Basstons in ein E.

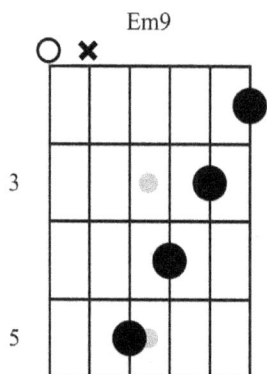

Beachte, dass der Akkord jetzt Em9 heißt. Bevor wir untersuchen, was passiert ist, wollen wir noch eine weitere Transformation anwenden. Das nächste Diagramm zeigt den Effekt der Änderung des Basstons von einem E zu einem A. Nun nennen wir den Akkord A13.

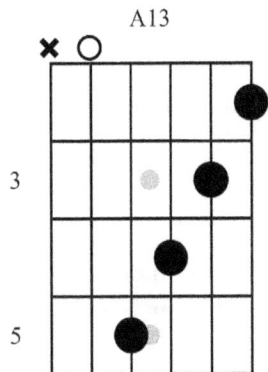

Mal sehen, was da los ist. Das Gmaj7-Voicing im ersten Diagramm hat folgende Noten/Intervalle:

G	G	B	D	F#
Grundton	Grundton eine Oktave höher	Terz (3.)	Quinte (5.)	Septime (7.)

Das Em9-Voicing in dieser Position hat die folgenden Noten/Intervalle:

E	G	B	D	F#
Grundton	Kl. Terz (b3)	Quinte (5.)	Kl. Septime (b7)	None (9.)

Wenn wir die Bassnoten dieser Akkorde entfernen, bleibt eine Schichtung *identischer* Noten übrig. Unsere Ohren interpretieren diese Noten unterschiedlich, je nachdem, in welchem Kontext sie gespielt werden:

Gmaj7:	G (Grundton)	B (3.)	D (5.)	F# (7.)
Em9:	G (b3)	B (5.)	D (b7)	F# (9.)

Beachte, dass beide Akkorde die wichtigsten Intervalle enthalten, die ihren Akkordtyp definieren – die 3., 5. und 7.

Nun wollen wir den A13-Akkord untersuchen. Im Grunde ist ein Tredezim-Akkord ein Sieben-Ton-Akkord, aber aus praktischen Gründen (besonders auf der Gitarre mit einer begrenzten Anzahl von Fingern) werden bestimmte Noten ausgelassen. Die Vollversion von A13 enthält die folgenden Noten/Intervalle:

A	C#	E	G	B	D	F#
Grundton	3.	5.	b7	9.	11.	13.

Das A13-Voicing in unserem Beispiel hat folgende Noten/Intervalle:

A	G	B	D	F#
Grundton	b7	9.	11.	13.

Normalerweise besteht ein A13-Akkord, wenn er auf der Gitarre gespielt wird, aus den Noten A (Grundton), C# (3.), G (b7) und F# (13.). Das 5., 9. und 11. Intervall wird in der Regel ausgelassen. Wir haben hier also ein *ungewöhnliches* A13-Voicing, aber es ist trotzdem ein A13.

Wie können wir dieses Konzept in unserem Spiel verwenden?

Wenn wir über dieses Akkord-Voicing anders denken, bekommen wir drei Akkorde zum Preis von einem. Wir haben eine einfache Form, die je nach Kontext als Dur-, Moll- oder Dominantakkord funktionieren kann. Hier ist ein visueller Vergleich aller drei Akkorde, ohne Bassnoten, der die Intervalle hervorhebt.

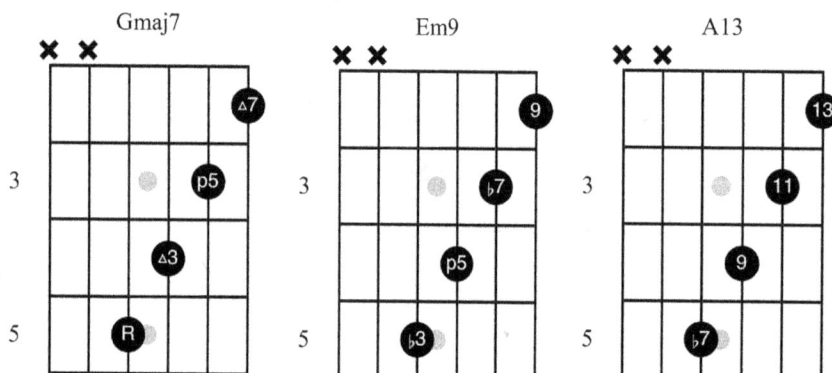

Die Akkorde sind identisch, aber der *Kontext*, in dem sie verwendet werden, sagt dem Zuhörer, welchen Akkordgeschmack er gerade hört.

Wenn du nun "Em9" in einem Musikstück geschrieben siehst, kannst du dieses "Gmaj7"-Voicing spielen und es wird großartig klingen – es enthält die gleichen Noten.

Lass diese Information für einen Moment auf dich wirken. Das bedeutet, dass du immer dann, wenn du einen Major-7-Akkord siehst, einen Moll-9-Akkord ohne Grundton an seiner Stelle spielen kannst und er wird großartig klingen, und umgekehrt. Lass uns dieses Konzept sofort in die Tat umsetzen und mit dieser Akkordform eine ii V I-Sequenz in der Tonart D-Dur spielen.

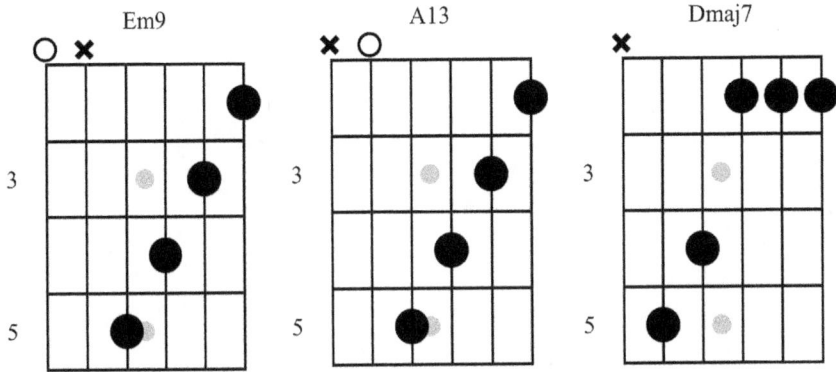

Em9   A13   Dmaj7

Beispiel 1a

Em9   A13   Dmaj7

Gibt es noch andere nützliche Akkordformen, auf die wir dieses Prinzip anwenden können?

Wenn wir die Grundtöne eines Akkords weglassen, dann ja, dann gibt es viele Beispiele für einfache Formen, die aufgrund gemeinsamer Noten als unterschiedliche Akkorde interpretiert werden können. Für die Zwecke dieses Buches zeige ich dir aber noch zwei weitere Formen, die im Jazz-Kontext besonders nützlich sind.

Major-6-/Minor-7-Formen

Einfache Major-6-Akkordformen haben die gleichen Noten wie Minor-7-Akkorde. G6 zum Beispiel hat alle die gleichen Noten wie Em7, wenn es mit den einfachen Vier-Noten-Voicings unten gespielt wird. Daher können sie austauschbar verwendet werden.

G6:	G (Grundton)	B (3.)	D (5.)	E (6.)
Em7:	E (Grundton)	G (b3)	B (5.)	D (b7)

Die folgenden Akkorddiagramme zeigen die beiden nützlichsten Formen und vergleichen die jeweiligen Intervalle:

G6   Em7

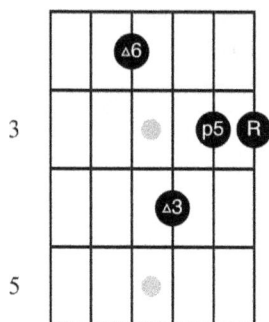 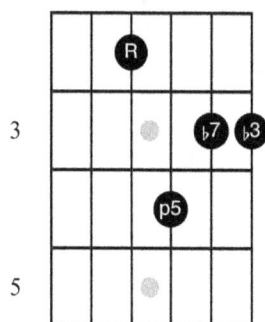

G6   Em7

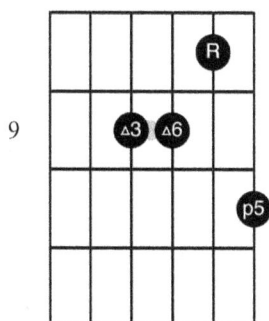 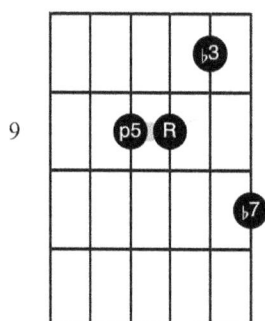

Erinnere dich an diese Formen, da sie häufig in verschiedenen Gestalten auftauchen werden.

Im nächsten Kapitel werden wir damit beginnen, Akkordformen über das Griffbrett "auszuarbeiten", um sich von den bekannten Formen in sicheren Bereichen des Halses zu lösen. Ziel ist es, überall auf dem Griffbrett Akkorde fließend und ohne „Dead Spots" zu spielen. Du wirst diese Technik der „Mehrzweck"-Akkordformen sehr nützlich finden, um eine vollständige Abdeckung des Halses zu erreichen.

Kapitel Zwei – Aus den Boxen ausbrechen

In diesem Kapitel beginnst du die Reise, Akkordformen über den Hals auszuarbeiten und zu lernen, wie sie zusammenpassen. Um diese Aufgabe zu erleichtern und eine maximale Abdeckung des Gitarrenhalses zu erreichen, wirst du das im vorigen Kapitel erlernte auswechselbare Akkordprinzip anwenden.

Alle Beispiele basieren auf einer ii V I-Sequenz in der Tonart D-Dur: Em7 - A7 - Dmaj7. Wir werden jeden Akkord einzeln ausarbeiten und einige Zeit damit verbringen, die Akkordformen durchzuspielen, so dass die Muster wirklich anfangen, ins Bewusstsein zu dringen. Wenn du einmal alle Formen für einen bestimmten Akkord über den Hals gelernt hast, kannst du diese immer dann verwenden, wenn du einen einzelnen Akkord für mehrere Takte halten musst. Nichts hier ist einfach nur eine langweilige Übung.

Wichtiger Hinweis! Es gibt eine Menge "Akkordsysteme" im Internet und einige großartige interaktive Anwendungen, die bei der Zuordnung von Tonleitern und Akkorden helfen können. Jede mögliche Permutation eines Akkords zu kennen, gibt dir jedoch keinen Einblick, wo und wie du ihn verwenden kannst. Ich decke hier nicht alle denkbaren Möglichkeiten ab, aber die vorgestellten Ideen sollten dir in praktischen Spielsituationen, wie z. B. in einer Band oder als Begleitmusiker, gut dienen.

Nun lass uns die ii-V-I-Sequenz in D-Dur aufschlüsseln, Akkord für Akkord.

Der ii-Akkord

E-Moll-Akkordformen – Set 1

Hier ist eine Folge von E-Moll-Akkorden, die den gesamten Bereich des Halses überspannen. Diese besonderen Formen wurden aufgrund ihrer Eignung für das Comping (Begleiten) mit einer Rhythmusgruppe ausgewählt. In einer typischen kleinen Jazz-Situation findet man sich oft mit einem Bassisten und/oder einem Pianisten wieder. Klavierakkorde und Gitarrenakkorde nehmen einen ähnlichen Klangraum ein, so dass es schnell matschig werden kann, wenn beide Musiker volle Akkorde in einem ähnlichen Register spielen.

Ebenso bedeutet die durchgehende Walking Bassline des Jazz, dass der Bassist das untere Ende gut abgedeckt hat. Aus diesem Grund sind die Akkordformen hier fast alle auf die oberen 4 Saiten der Gitarre abgestimmt, um weniger matschig zu klingen und mehr Klarheit erzeugen.

Spiele diese Akkorde der Reihe nach, aufsteigend, mehrmals durch. Dann übe die Sequenz absteigend.

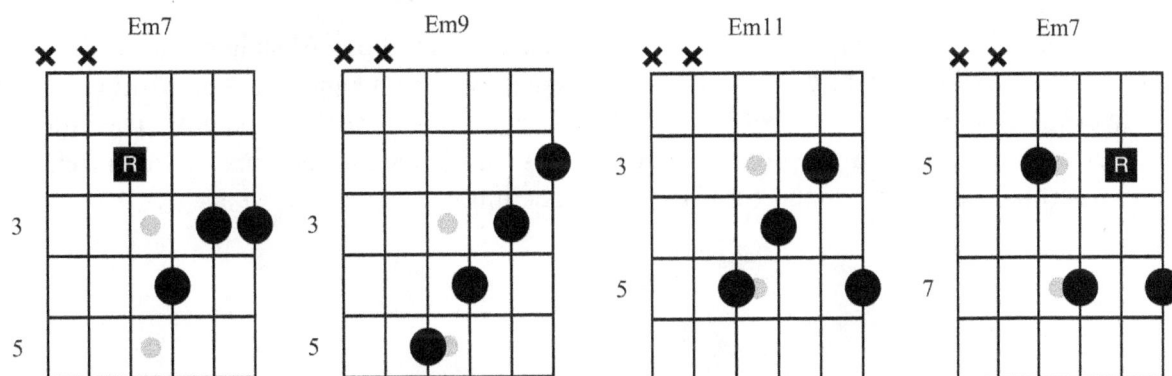

Em11 **Em7** **Em11** **Em9 (no root)**

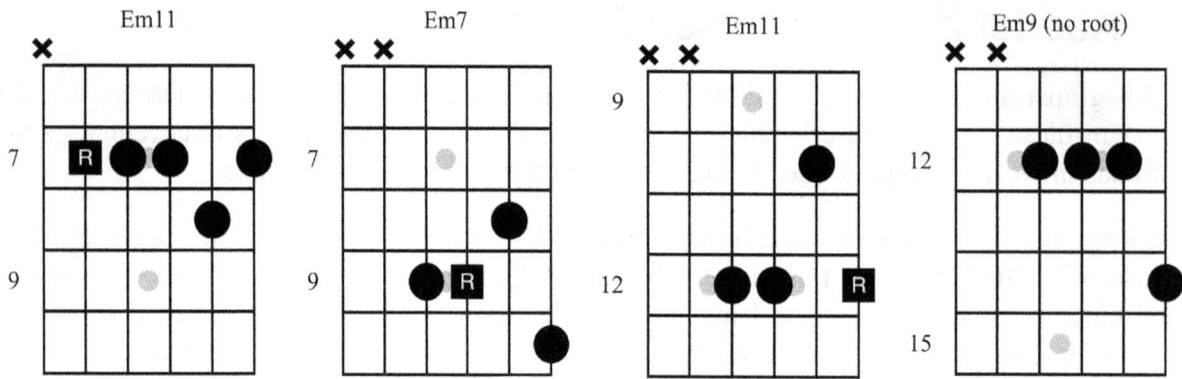

Spiele die Akkorde auf- und absteigend und erlaube einen Takt für jeden Akkord.

Beispiel 2a

Em7	Em9	Em11	Em7

Em11	Em7	Em11	Em9

Beispiel 2b bringt Akkorde zusammen und wechselt zwischen ihnen während des Absteigens am Hals. Das Muster endet, wenn es keine Akkorde mehr gibt, zwischen denen man wechseln kann! Dadurch wird getestet, wie gut du die Formen gelernt hast und wie reibungslos du zwischen ihnen wechseln kannst. Die Audio-Beispiele hier sind auf zumutbare 80 bpm eingestellt, aber übe diese auf jeden Fall erst mal für dich frei, bis du alle Formen gemeistert hast, und spiele dann zum Backing Track mit.

Beispiel 2b

Beispiel 2c

Jetzt mische die Akkorde und spiele sie in einer anderen Reihenfolge. Stelle dein Metronom ein und konzentriere dich darauf, einen starken Rhythmus zu spielen, der Akzente enthält. Konzentriere dich auf alle Akkord-Voicings, deren Klang du magst, aber stelle sicher, dass du in mehreren Bereichen des Halses spielst. Hier ist ein einfaches Beispiel für den Anfang.

Beispiel 2c

Verbringe genügend Zeit mit diesen Akkordformen – vor allem mit denen, die dir neu sind – und nimm dir Zeit zum Üben, um sie nacheinander fließend zu spielen und einzelne Voicings herauszuhören.

E-Moll-Akkordformen – Set 2

Dieser zweite Satz von E-Moll-Formen ist für das Spielen von Jazz-Sologitarre, die Begleitung eines Sängers im Duo oder das Spielen im Trio mit Gitarre, Schlagzeug und Bass gedacht. Dieses Mal sind Bassnoten erlaubt, da die Gitarre das wichtigste harmonische Instrument ist.

Der Schwerpunkt liegt hier auf der Suche nach üppig klingenden Moll-Voicings, die über den gesamten Bereich des Halses funktionieren, und weniger auf der Produktion einer spielbaren Sequenz. Zu gegebener Zeit werden wir diese Formen in einer ii V I-Sequenz einsetzen.

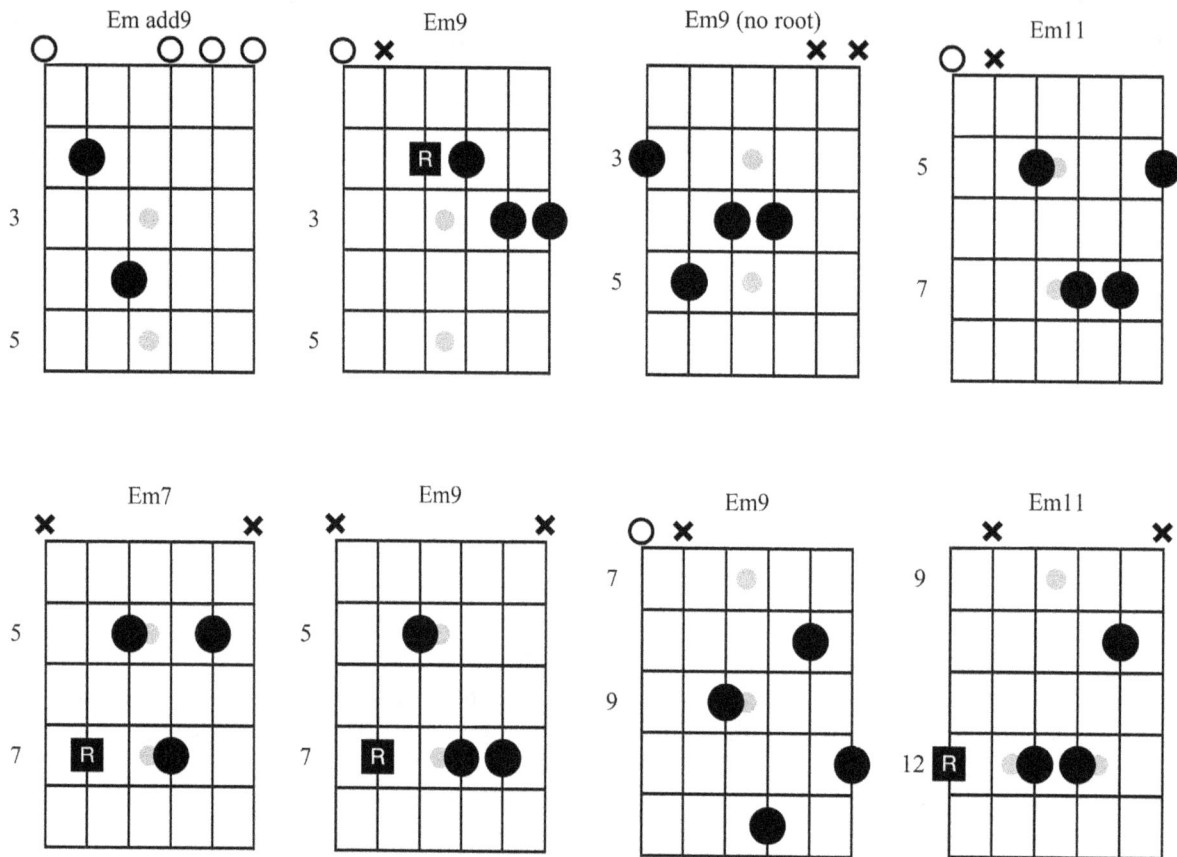

In Beispiel 2d werden die Akkorde nacheinander für jeweils einen Takt gespielt. Übe sie wie zuvor den Auf- und Abstieg.

NB: obwohl die Akkorde unten als Einzelschlag geschrieben sind, experimentiere damit, zuerst das tiefe E klingen zu lassen, und dann den Rest des Akkords anzuschlagen.

Beispiel 2d

Der V-Akkord

A-Dominantsept-Akkordformen – Set 1

Nun schauen wir uns den V-Akkord in der ii V I-Sequenz (A7) an und folgen dem gleichen Prozess. Die Voicings von Set 1 sind nacheinander vertikal auf dem Griffbrett zu spielen und sind für ein Band-Setting ausgelegt.

A9   A9sus   A7   A9sus(13)

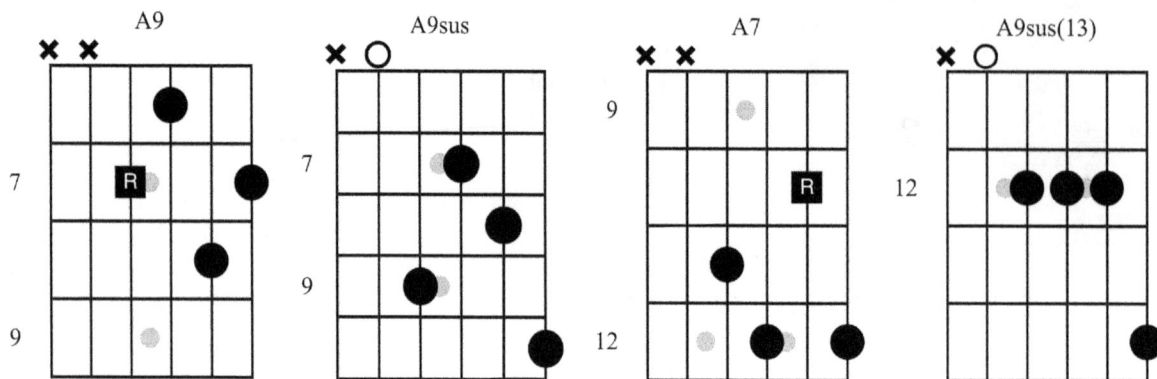

Spiele die Akkorde auf- und absteigend und erlaube einen Takt für jeden Akkord.

Beispiel 2e

A13	A7♭9	A9sus(13)	A9

A9	A9sus	A7	A9sus(13)

Bringe abwechselnde Akkorde wie zuvor und spiele sie absteigend. Übe, bis die Wechsel geschmeidig sind.

Beispiel 2f

Vermische jetzt die Voicings und wähle deine Favoriten aus, um zum Metronom zu begleiten.

Beispiel 2g

A-Dominantsept-Akkordformen – Set 2

Set 2 der Dominant-Akkordformen sind dazu gedacht, wenn die Gitarre das Hauptharmonieinstrument ist. Diesmal gibt es mehr Formen, denn ich habe mehrere verschiedene Versionen der üblichen A7-Form am 5. Bund hinzugefügt.

A13b9　　　　　A9 (no root)　　　　　A7　　　　　A13

A13b9　　　　　A7#5　　　　　A7b9　　　　　A7#11

A13　　　　　A7　　　　　A9　　　　　A13

Übe diese Akkordformen wie in Beispiel 2h unten dargestellt.

Beispiel 2h

Der I-Akkord

D-Dur-Akkordformen – Set 1

Zum Schluss arbeite die folgenden D-Dur-Akkordformen mit dem gleichen Verfahren durch. Hier sind die vertikalen Voicings von Set 1.

Dmaj7   Dmaj7   D6(9)   Dmaj7

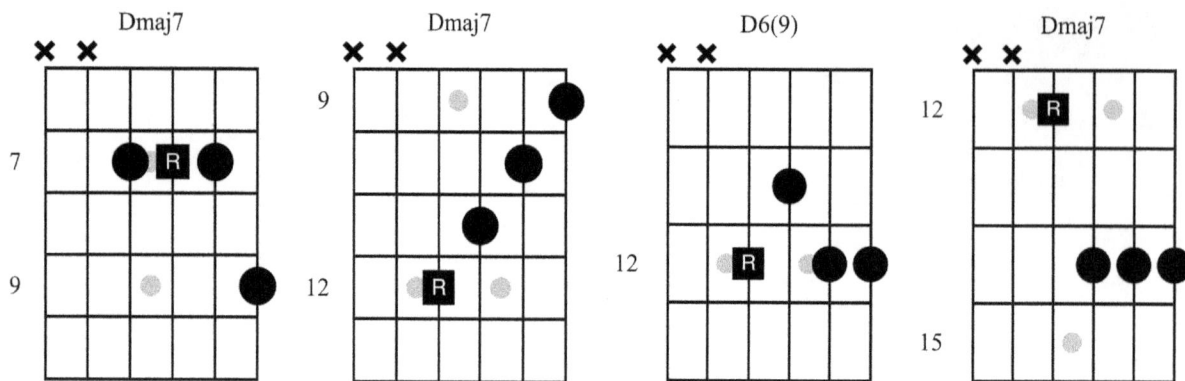

Übe diese Akkorde auf- und absteigend.

Beispiel 2i

Dmaj7   Dmaj7   D6   Dmaj7

Dmaj7   Dmaj7   D6(9)   Dmaj7

Nun werden die Akkorde wie in Beispiel 2j gezeigt, abwechselnd zusammengebracht.

Beispiel 2j

Vermische zum Schluss die Voicings und suche dir deine Favoriten aus, mit denen du begleiten kannst. Hier ist ein Ansatz für dich.

Beispiel 2k

D-Dur-Akkordformen – Set 2

Hier sind nun der zweite Satz an Voicings für den Fall, dass du eine vollere Begleitung spielen willst.

Übe diese Akkordformen, wie in Beispiel 2h gezeigt, und stelle dein Metronom auf ein angenehmes Tempo ein.

Beispiel 21

Im nächsten Kapitel werden wir alle bisher betrachteten Akkordformen zu nützlichen ii V I-Sequenzen kombinieren.

Kapitel Drei – Erweitere deine harmonischen Optionen

Bisher haben wir uns angesehen, wie man das Griffbrett durch das Ausarbeiten von Akkorden über den Hals abdeckt. Je mehr du diese vertikalen Akkordfolgen übst, desto mehr wirst du beginnen, dich vom Spielen der Akkorde in deinen gewohnten Positionen zu lösen.

Der nächste Schritt, um Freiheit über dem gesamten Griffbrettbereich zu erreichen, ist das Erlernen der Akkordformen in "Zonen" auf der Gitarre. Du spielst die ii V I-Sequenz innerhalb eines begrenzten Bereichs von Bünden, was dir hilft, dir die verschiedenen Akkordformen einzuprägen, und dir gleichzeitig etwas Sinnvolles und Melodisches zum Spielen gibt.

Die Akkordkombinationen wurden hier sorgfältig ausgewählt, damit sich die Akkord-Voicings gut ergänzen. Am Ende dieses Kapitels wirst du in der Lage sein, eine ii V I-Sequenz in der gleichen Tonart in mehreren Bereichen des Griffbretts zu spielen und du wirst viele weitere Optionen zur Hand haben, wenn du begleitest.

Wenn du diese Patterns in Zonen fließend spielen kannst, wirst du im nächsten Kapitel einige großartige Möglichkeiten kennenlernen, dich der Länge des Griffbretts nach frei zu bewegen, um ii V I-Patterns zu spielen, die mehrere Formen in verschiedenen Zonen kombinieren.

Dieses Kapitel enthält viele Beispiele, daher empfehle ich dir, diese methodisch durchzuarbeiten. Die Zonen sind von tief bis hoch angeordnet, so dass du das Griffbrett allmählich nach oben steigst.

Ich habe Akkorddiagramme und Notation/TAB für jede Sequenz bereitgestellt. Du kannst auch auf das kostenlose Audio zugreifen, um zu hören, wie jedes Beispiel klingt.

Für die Zwecke dieses Kapitels spielen wir je einen Takt Em7 und A7 und zwei Takte Dmaj7:

| Em7 | A7 | Dmaj7 | % |

Zone 1 – Bünde 0 - 3

Beispiel 3a

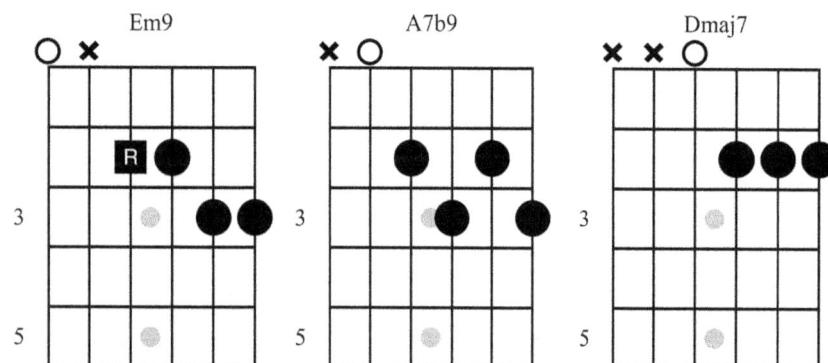

Wann immer du in der Lage bist, offene Saiten in ein Voicing einzubeziehen, solltest du das tun, da es einen harmonisch reicheren Klang erzeugt.

Beispiel 3b

Zone 2 – Bünde 3 - 5

Hier ist das sehr offen klingende ii V I, das die in Kapitel eins besprochene maj7-Substitutionsidee verwendet.

Beispiel 3c

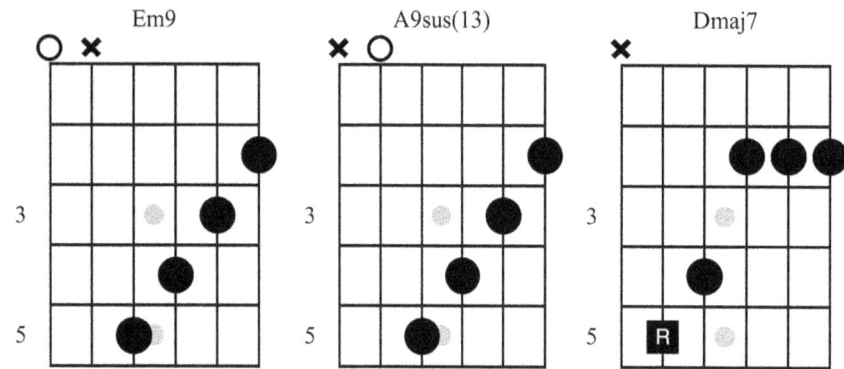

Das nächste Beispiel hat eine ungewöhnliche, hell klingende D6(9)-Stimmung für Akkord I.

Beispiel 3d

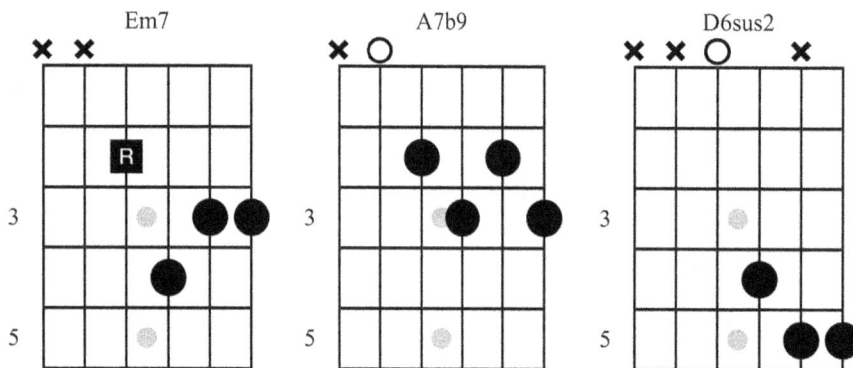

Eine leichte Anpassung an die übertragbare Maj7-Form aus Kapitel eins erzeugt den spannungsvollen, aber schönen A13b9-Akkord für den Akkord V. (Zwei Töne des originalen geschichteten Maj7 sind um einen Halbton tiefer, auf den G- und B-Saiten).

Beispiel 3e

Hier ist eine ungewöhnliche Kombination von Akkorden, beginnend mit einem Em9, das keinen Grundton hat und eine reiche Begleitung für einen Sänger bietet. Die tiefen, engen Voicings haben eine echte Wärme an sich.

Beispiel 3f

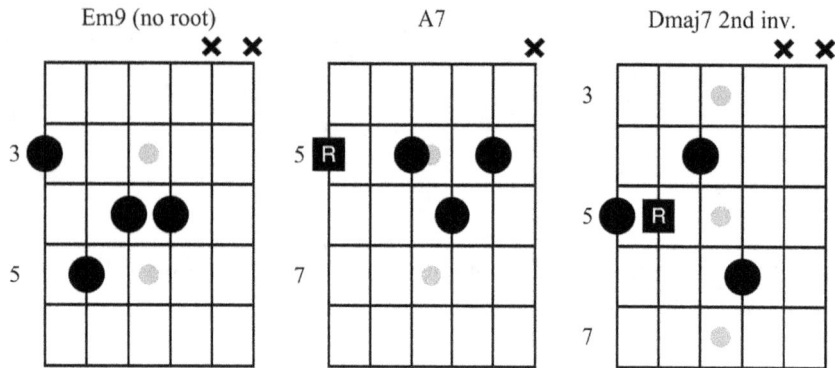

Im Gegensatz dazu gibt es hier eine leichte, luftige Art, die Sequenz zu spielen. (NB: Ich weiß, dass dies die 3-5 Bund-Zone sein soll, und diese Sequenz schleicht höher, aber es fühlte sich einfach so an, als ob es aufsteigen wollte, und ich denke, du wirst zustimmen, dass es sich nett anhört!)

Beispiel 3g

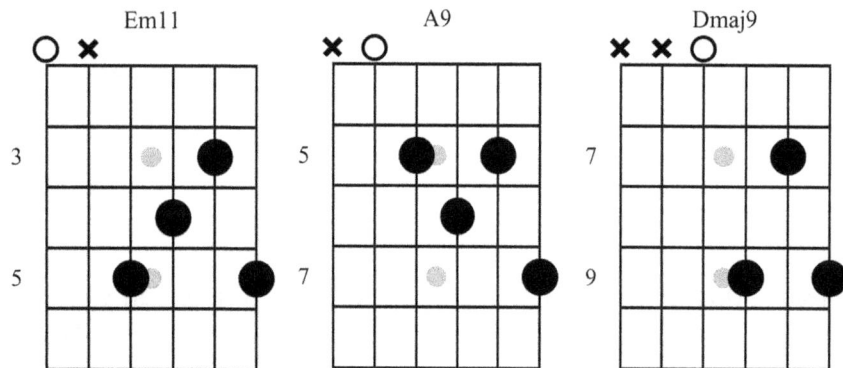

Em11   A9   Dmaj9

Zone 3 – Bünde 5 - 7

Beispiel 3h war schon immer eine meiner Lieblings-Sequenzen. Es ist eine sparsame und gut klingende Anordnung der Akkorde. Ich persönlich arbeite hart daran, dies standardmäßig zu vermeiden und du solltest dasselbe mit deinen eigenen gewohnten Akkord-Voicings tun.

Beispiel 3h

Em9   A13   Dmaj7

Em9   A13   Dmaj7

Beispiel 3i

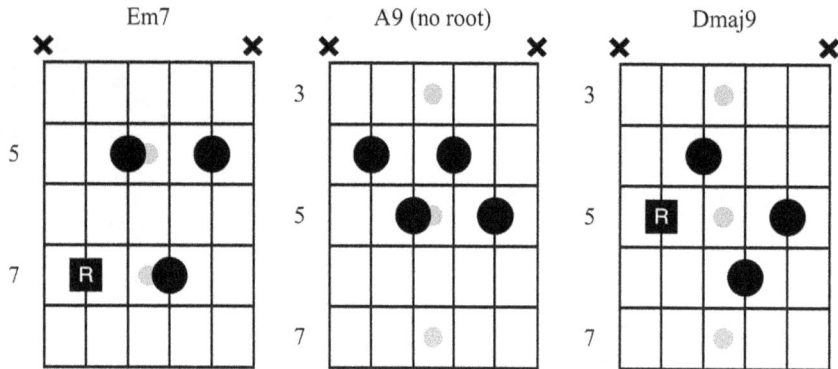

Das nächste Beispiel ist so angeordnet, dass das A (hohe E-Saite, fünfter Bund) auf jedem Akkord als eine Art Orgelpunkt erklingt. Um das Spiel zu erleichtern, empfehle ich dir, die oberen vier Saiten mit dem Zeigefinger am fünften Bund zu greifen und die Em11 und A7#5 wie Barré-Akkorde zu spielen. Spiele die offenen E- und A-Saiten-Basstöne mit dem Daumen.

Beispiel 3j

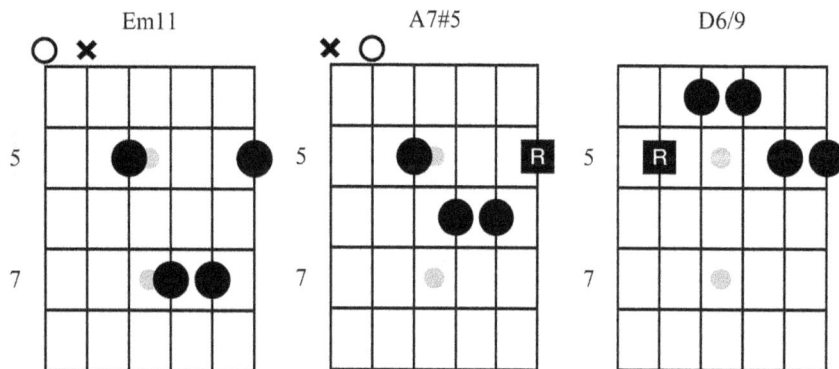

Ein anderer Take in Beispiel 3h hat einen A13b9-Akkord anstelle eines geraden A13. Der 13b9-Akkord erzeugt viel Spannung und will sich stark auflösen.

Beispiel 3k

Kleine Bewegungen können auf der Gitarre sehr effektiv sein. Hier siehst du, dass durch das Absenken zweier Töne um einen Halbton die Em7-Form zu A7b9 wird. Auf diese Akkorde folgt ein D6/9, das auf der hohen E-Saite einen schönen chromatisch absteigenden Ton ergibt, der ein starkes Gefühl für Bewegung vermittelt.

Beispiel 31

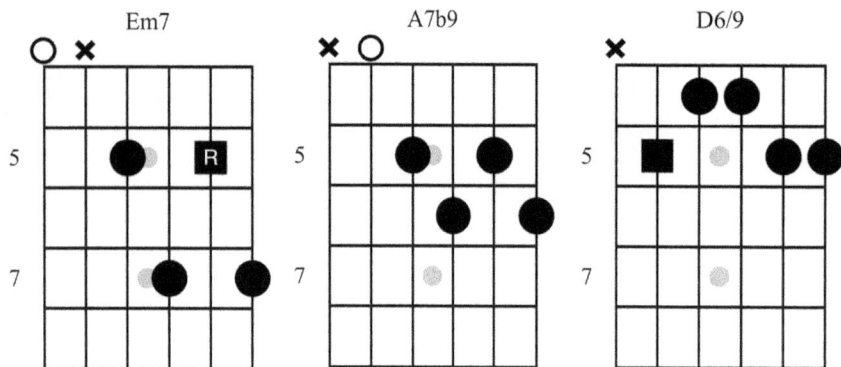

Zone 4 – Bünde 7 - 9

Wenn du in der 7-9-Bundzone des Griffbretts spielst, kannst du auf Akkordformen zugreifen, die gut funktionieren, wenn du oft mit einem Pianisten spielst. Wir entfernen uns vom Mittelregister der Gitarre, das einen ähnlichen Frequenzbereich wie das Klavier einnimmt, und diese luftig klingenden Akkorde lassen die Dinge nicht matschig werden.

Beispiel 3m ist ein gutes Beispiel dafür. Wenn du mit einem Pianisten oder einfach nur mit einem Kontrabassisten spielst, der den unteren Bereich abdeckt, kannst du die Bassnoten weglassen.

Beachte, dass der Dmaj7-Akkord wie ein Bm9 ohne den B-Basston aussieht. Dies ist eine weitere Version der austauschbaren Maj7 - m9 Akkord-Voicings, die bereits besprochen wurden.

Dmaj7-Akkordkonstruktion = D, F#, A und C#

Bm9-Akkordkonstruktion (ohne Grundton) = D, F#, A und C#

Em7   A7b9   Dmaj7

Em7   A7♭9   Dmaj7

Beispiel 3n

Em11   A13   Dmaj7 (no root)

Em11   **A13**   **Dmaj7 no root**

Die Em9-Form in Beispiel 3o ist eine meiner Favoriten, kann aber knifflig für die Finger sein. Spiele dieses Beispiel langsam durch, bis du geschmeidig zwischen den Akkorden wechseln kannst.

NB: Obwohl die Akkorde gerade gespielt werden, kann es schön sein, sie zu arpeggieren.

Beispiel 3o

Em9   A9sus   Dadd9

Em9   **A9sus**   **Dadd9**

Beispiel 3p ist ein weiteres Beispiel, das die Wirksamkeit des Verschiebens von ein oder zwei Noten unterstreicht, um ein neues Akkord-Voicing an der gleichen Stelle zu erzeugen. Der Übergang von A7#11 zu Dmaj7 wird durch eine Halbtonabsenkung der Töne auf den G- und B-Saiten erreicht.

Beispiel 3p

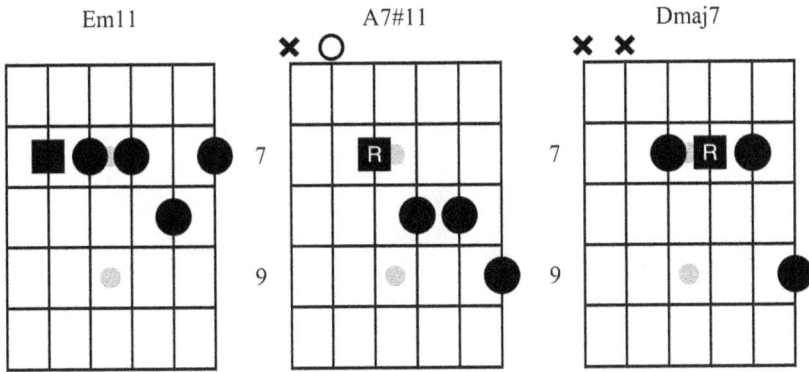

Zone 5 – Bünde 9 - 12

In diesem Beispiel wird die Bewegung von A13 nach Dmaj7 durch die Bewegung eines einzelnen Tons über eine Saite erreicht.

Beispiel 3q

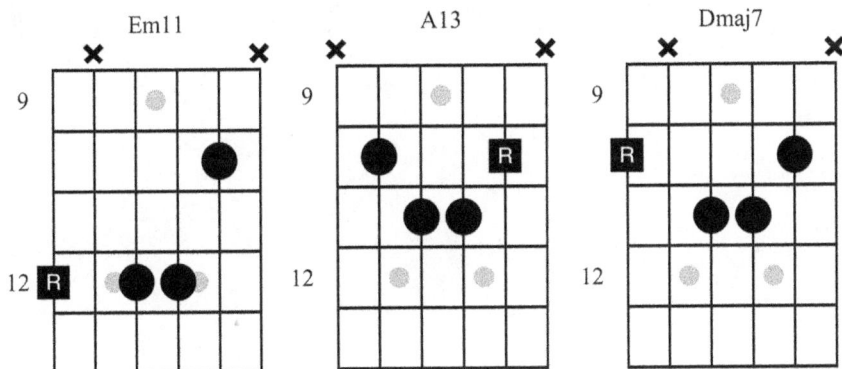

Em11   A13   Dmaj7

Hier ist eine Möglichkeit, von Em11 nach A7 zu wechseln, indem man nur eine Note im Akkord-Voicing verschiebt.

Beispiel 3r

Em11   A7   Dmaj7

Zone 6 – Bünde 12 - 15

Beispiel 3s

Hier ist ein letztes Beispiel. Du kannst die tiefsten Töne in den Akkorden A9 und D6 weglassen und stattdessen offene A- und D-Bässe spielen.

Beispiel 3t

Ich schlage vor, jede dieser Sequenzen in diesem Kapitel mehrmals durchzuspielen, während du das Griffbrett allmählich nach oben steigst. Dies hilft, die Formen zu fixieren und den Klang in deinen Ohren zu verankern.

Jetzt, wo wir die Akkorde in Zonen am Hals gespielt haben, ist es an der Zeit, eine größere Unabhängigkeit des Griffbretts zu entwickeln, indem wir Formen mischen und anpassen, die einen viel größeren Bereich abdecken.

Kapitel Vier – Vertikales Akkordspiel

Wenn du das Sologitarrenspiel oder Comping von Joe Pass, Martin Taylor, George Benson, Kurt Rosenwinkel und anderen Größen studierst und beobachtest, wie sie sich auf dem Griffbrett bewegen, wirst du feststellen, dass sie dazu neigen, mehr *vertikal* als *horizontal* zu spielen. Sie alle verwenden mehrere Voicings eines Akkords, um das Griffbrett zu überspannen. Das gibt ihren musikalischen Aussagen Schwung und hilft, unterschiedliche Töne und Klangfarben zu erzielen.

Um die gleiche Art von Freiheit zu erreichen, wirst du in diesem Kapitel lernen:

• Mehrere Beispiele für schöne Möglichkeiten, Akkorde in ii V I-Sequenzen zu verbinden, die sich vertikal bewegen und den gesamten Bereich des Halses überspannen

• Wie du Akkordverbindungen so verzierst, dass sie zu eigenständigen "Akkordphrasen" werden

Fangen wir an, ein paar vertikale Voicings zusammenzustellen. Manchmal benutze ich mehrere Voicings eines Akkords und nur jeweils eine der anderen in der ii V I-Sequenz. Mein Ziel ist es, die Dinge aufzumischen und den Fokus auf das Musikalische zu halten.

Wie im vorigen Kapitel spielen wir je einen Takt Em7 und A7 und zwei Takte Dmaj7:

| Em7 | A7 | Dmaj7 | % |

Was folgt, sind mehrere Möglichkeiten, die ii V I-Sequenz mit den bisher gelernten Akkordformen und Verbindungen zu spielen. Übe jede dieser Sequenzen, bis die Akkordwechsel glatt und fließend werden.

Beispiel 4a erlaubt zwei Schläge pro Akkord für die E-Moll- und A-Dominant-Akkorde.

Beispiel 4a

Das nächste Beispiel verwendet drei E-Moll-Formen im ersten Takt und lässt dann die A-Dominant- und D-Dur-Akkorde aushalten.

Beispiel 4b

Hier ist eine Sequenz, die alle zwei Schläge den Akkord wechselt, um eine kontinuierliche Bewegung durch die Sequenz zu erzeugen.

Beispiel 4c

Die absteigende Idee in Beispiel 4d zeigt, wie es möglich ist, mit diesem Konzept einen großen Bereich des Griffbretts zu überspannen. Der Em9-Akkord am Anfang und die Dmaj7 am Ende haben beide ein F# als obersten Ton im Voicing, 12 Bünde auseinander.

Beispiel 4d

Hier ist eine weitere Idee mit zwei Takten pro Akkord, die sich über die Bünde 5 - 12 erstreckt.

Beispiel 4e

Beispiel 4f verlagert den Fokus diesmal auf den A-Dominant-Akkord und nutzt die Beweglichkeit des A7b9-Akkords. Die Idee erstreckt sich über einen weiten Bereich des Gitarrenhalses.

Beispiel 4f

In Beispiel 4g wird ein absteigendes Muster von E-Moll-Voicings gespielt, ein Schlag pro Akkord. Danach spielt jeder Akkord zwei Schläge lang. Diese Idee steigt erst durch D-Dur-Voicings ab und dann wieder auf.

Beispiel 4g

A7   A13   Dmaj7   Dmaj7

Dadd9   Dmaj7

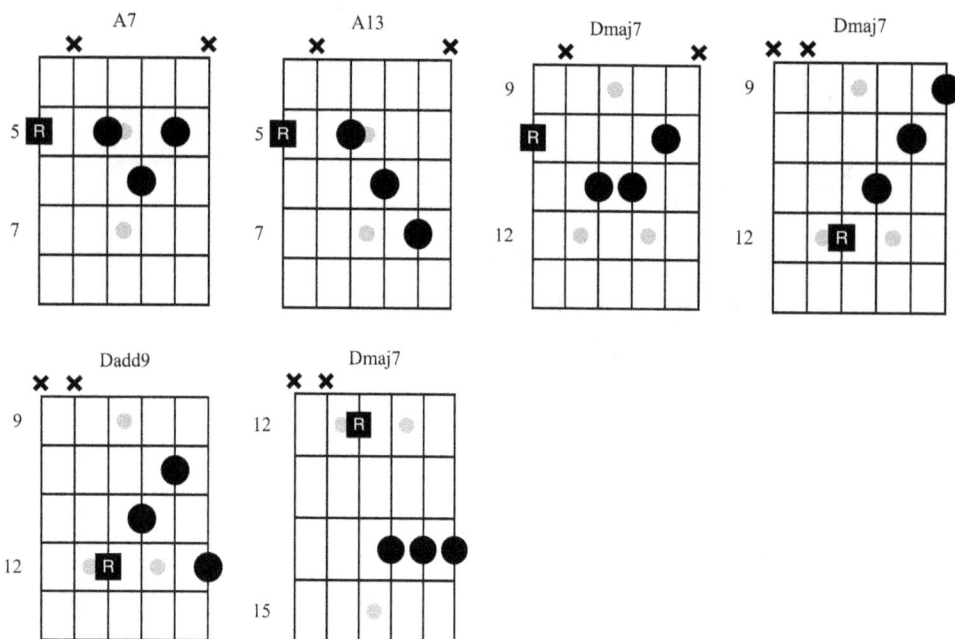

Em11	Em7	Em11	Em11	A7	A13	Dmaj7	Dmaj7	Dadd9	Dmaj7
12	10	7	7					9	14
10	8	8	7	5	7	10	10	10	14
12	9	7	7	6	6	11	11	11	14
12	9	7	5	5	5	11	12	12	12
			7						
			0	5	5	10			

Nimm dir die Zeit, die obigen Beispiele durchzuspielen, bis du die Wechsel sehr flüssig und bequem spielen kannst. Das Ziel ist es, dir die Formen als musikalische Sequenz einzuprägen, und dass die Formen für dich zur zweiten Natur werden. Während du an ihnen arbeitest, baust du dein Akkordvokabular auf eine Weise auf, die du sofort anwenden kannst.

Verzierung von Akkordverbindungen

Jetzt gehen wir weiter und schauen, wie wir unsere vertikalen Akkordverbindungen verschönern können, um gefällige melodische Akkordphrasen zu erzeugen. Damit meine ich einfach, nach Noten in der Nähe der Akkordform zu greifen, um kurze melodische Phrasen zu erzeugen. Diese einfachen Bewegungen können sowohl die Akkorde verstärken als auch bei der Verbindung der Akkorde untereinander helfen. Es ist nicht das Chord-Melody-Spiel als solches, aber das Üben dieses Ansatzes wird definitiv in dein Solo-Gitarrenspiel einfließen. Du kannst diese Ideen auch für Intros, Outros oder Akkord-Soli in der Begleitung verwenden.

Eine Akkordfolge zu "verzieren" kann so einfach sein wie:

• Von unten in einen Akkord zu sliden

• Hinzufügen von Annäherungsnoten zwischen Akkorden

- Arpeggieren eines Akkords in einer Sequenz, während alle anderen angeschlagen werden

- Alteration oder Erweiterung von Akkorden, um Farbe hinzuzufügen (z. B. einen Standard A7-Akkord in fünfter Position zu einem A7#5 in der gleichen Position durch Anheben einer Note verändern)

Das sind alles ganz einfache Ideen, die die Akkordfolge verbessern werden, aber wie Joe Pass einmal sagte: "Warum solltest du etwas Schweres spielen wollen? Ich hoffe, dass die folgenden Licks als Anregung für dich dienen, deine eigenen zu erforschen und zu entdecken.

Das erste Beispiel basiert auf der fünften Position und verwendet einen Orgelpunkt zwischen den Akkorden, um eine einfache Melodie zu erzeugen. Der Dmaj7-Akkord wird in den Positionen fünf und sieben gespielt, um die melodische Linie im weiteren Verlauf zu unterstützen. Alle Noten sind aus der D-Dur-Tonleiter.

Beispiel 4h

Im nächsten Beispiel wird der Em7-Akkord in Position sieben mit einem akkordischen Hammer-On verziert, um zur Em9-Form in Position zwölf aufzusteigen. Einmal auf Position zwölf, spiele ich die nächstgelegenen Voicings von A9 und Dmaj7.

Beispiel 4i

Die nächste Idee erstreckt sich über einen weiten Bereich des Griffbretts. Ab dem zwölften Bund steigen drei E-Moll-Voicings den Hals hinab, um auf dem A-Dominant-Akkord zu "landen". Dann, beginnend mit einer einfachen offenen Position Dmaj7, werden mehrere Maj7-Formen verwendet, um den Hals bis zum Ende aufzusteigen, wo die Linie begann.

Beispiel 4j

In Beispiel 4k schiebe ich eine Em11-Form in Position sieben einen Ton nach oben und zurück. Für den A-Dominant-Akkord spiele ich ein A13 in Position fünf, gefolgt von einem A7#5-Akkord. Es folgen die bekannten Dmaj7- und Dmaj9-Akkorde.

Beispiel 4k

Das nächste Beispiel illustriert die Art von Linie, die Joe Pass oft spielte, wo er eine einfache Akkordform mit zwei Fingern festhielt und mit seinen freien Fingern eine melodische Linie spielte. Die Noten stammen aus der D-Dur-Tonleiter. Achte beim Spielen der Linie darauf, die Akkorde nicht zu erwürgen. Die Saiten, die nicht zum Spielen der Melodie benötigt werden, sollten trotzdem klingen, um die Linie subtil zu unterstützen.

Beispiel 4l

Hier ist die gleiche Art von Idee, die auf höhere Voicings angewandt wird.

Beispiel 4m

Beispiel 4n wird mit voll angeschlagenen Akkorden im Stil von Wes Montgomery gespielt, die durch gelegentliche Noten unterbrochen werden. Wes näherte sich seinen Soli oft auf die gleiche Weise: einzelne Linien, gefolgt von Oktaven, gefolgt von Blockakkord-Riffs. Das ist die Art, wie er es gespielt haben könnte, um den Schwung in einem Solo aufrecht zu erhalten.

Beispiel 4n

Beispiel 4o ist eine einfache, aber elegante Art, sich von einem Ende des Halses zum anderen zu bewegen. Es nutzt die Beweglichkeit der A7b9-Akkordform.

Beispiel 4o

Diese Idee verwendet sowohl einen akkordischen Hammer-On als auch Melodietöne auf einer Em7-Akkordform in Position sieben. Die Phrase wirkt wie ein Sprungbrett, um den Hals weiter hinauf zu springen.

Beispiel 4p

Bisher waren die Beispiele recht einfach – um zu veranschaulichen, wie effektiv es sein kann, eine Akkordfolge mit ein oder zwei Noten oder einer einfachen Phrase zu verzieren. Hier ist eine längere Idee in moderatem Tempo mit drei ii V I Rücken an Rücken. Sie verbindet eine Reihe der bisher behandelten Ideen miteinander.

Beispiel 4q

Wie man diese Technik übt

Um mit der Entwicklung eigener Akkordphrasen zu beginnen, verwende die in Kapitel drei illustrierten Akkordfolgen als Ausgangspunkt und schau, welche Verzierungen du hinzufügen kannst. Du könntest mit einer einfachen Phrase aufwarten, die die drei Akkorde verbindet, oder mit anderen kreativen Möglichkeiten, sie zu dekorieren. Hier sind einige Beispiele für den Anfang.

Beispiel 4r (basierend auf Beispiel 3e)

Beispiel 4s (basierend auf Beispiel 3g)

Beispiel 4t (basierend auf Beispiel 3h)

Beispiel 4u (basierend auf Beispiel 3m)

Beispiel 4v (basierend auf Beispiel 3p)

Arbeite nun daran, deine eigenen Akkordphrasen von Grund auf neu zu erstellen. Ich empfehle dir, zunächst in freiem Tempo zu spielen, während du Ideen komponierst. Wenn du eine Idee entdeckst, die dir gefällt, spiele sie im Tempo eines Metronoms ab und konzentriere dich darauf, die Changes geschmeidig zu spielen.

Kapitel Fünf – Einführung von Akkordsubstitutionen

Wir haben uns angeschaut, wie man:

- Akkorde über das Griffbrett ausarbeitet

- die ii V I-Sequenz in mehreren Zonen am Hals spielt

- vertikale ii V I-Sequenzen, die sich über das Griffbrett erstrecken, spielt

- Sequenzen mit Akkordphrasen verschönert

Der nächste logische Schritt, um dein Akkordspiel zu verbessern und harmonischere Ideen auszudrücken, ist die Einführung von Akkordsubstitutionen.

Wenn die ganze Arbeit, die wir bisher gemacht haben, darin bestand, die Punkte zwischen den Akkorden zu "verbinden", um Freiheit auf dem Gitarrengriffbrett zu erreichen, dann sind Akkordsubstitutionen die "Punkte zwischen den Punkten"! Mit den folgenden Ideen kannst du An- und Entspannung erzeugen, verschiedene Zonen des Griffbretts miteinander verbinden, deine Akkordfolgen variieren und schließlich anspruchsvollere Melodielinien komponieren.

Wir werden dieses Material auf die gleiche Weise wie bisher angehen, indem wir eine Substitutionsidee nach der anderen nehmen. Für jede Substitution gibt es:

- vertikale Akkordformsequenzen, die die Substitution enthalten

- verzierte Akkordphrasen, die die Substitution verwenden

NB: Für diese Beispiele füge ich auch einen durchgehenden VI7-Akkord (B7) am Ende der Sequenz als Turnaround hinzu. Der B7-Akkord will sich natürlich zu Em7 auflösen, so dass du die Sequenz zu Übungszwecken kontinuierlich spielen kannst:

| Em7 | A7 | Dmaj7 | Dmaj7 B7 |

Beziehe dich immer wieder auf diese Sequenz als "Zuhause", während wir die Changes unten schrittweise alterieren.

1. Tritonussubstitution #1

Eines der gebräuchlichsten Mittel im Jazz ist die Tritonus- oder b5-Akkord-Substitution. Der dominante V-Akkord in einer Sequenz wird durch einen anderen Dominantakkord im b5-Intervall darüber ersetzt. Der "Tri"-Teil von "Tritonus" bezieht sich auf die drei Ganztonschritte zwischen den beiden Akkorden. Unser V-Akkord ist A7. Geh drei Ganztonschritte auf der Gitarre nach oben und du kommst zu Eb7. Wenn wir die A7- und Eb7-Akkorde analysieren, sehen wir, dass sie das gleiche 3. und 7. Intervall haben, aber in umgekehrter Reihenfolge.

Die Sequenz:

| Em7 | Eb7 | Dmaj7 | Dmaj7 B7 |

Die Akkordformen:

Jedes Mal, wenn du auf eine Akkordfolge stößt, denke an das, was du bisher gelernt hast: Arbeite daran, sie in Zonen auf dem Gitarrenhals zu spielen; dann arbeite daran, sie vertikal zu spielen, so dass du nach Belieben auf dem Griffbrett herumwandern kannst.

Schau auf die bisher gelernten Akkordmuster zurück und überlege, wie der Eb7-Akkord eingebunden werden kann. Hier ist ein üblicher Weg, die b5, die leicht auf die Gitarre fällt, hinzuzufügen:

Beispiel 5a

Em9   Eb7#9   Dmaj9   Dmaj7   B7#9

Em9   Eb7#9   Dmaj9   Dmaj7   B7#9

Hier ist nun eine Möglichkeit, den b5-Akkord in eine vertikale Sequenz einzubauen.

Beispiel 5b

Em9   Em7   Em11   Eb9

Dmaj9 Dmaj7 B7b5 B7

Em9 Em7 Em11 Eb9 Dmaj9 Dmaj7 B7♭5 B7

Beispiel 5c verwendet ein anderes Set von Akkordformen und fügt Verzierungen hinzu, um eine melodische Akkordphrase zu erzeugen.

Beispiel 5c

Em11 Eb13 Dmaj7 B7#5 B7

Em11 Eb13 Dmaj7 B7#5 B7

2. Tritonussubstitution #2

Ein Schwerpunkt des Bebop-Jazz liegt darin, in Akkordfolgen ii V-Sequenzen einzufügen, um die Harmonie zu bereichern und damit die melodischen Möglichkeiten für das Solospiel zu erhöhen. Bei der Reharmonisierung von Jazz-Standards ist es üblich geworden, einen Dominantakkord wie einen funktionalen V-Akkord zu behandeln und ihm den ii-Akkord aus derselben Tonart voranzustellen.

Nehmen wir den Eb7-Akkord aus dem vorigen Beispiel. Eb7 ist der V-Akkord in der Tonart Ab-Dur. Bb-Moll ist der I-Akkord dieser Tonart. Wir können beide Akkorde einbeziehen, um die Sequenz dazu zu verändern:

Die Sequenz:

| Em7 | Bbm9 Eb9 | Dmaj7 | Dmaj7 B7 |

Dies erhöht die Bewegung in der Sequenz, aber das Hinzufügen des Bbm9 eröffnet eine weitere ganze Reihe von möglichen Akkordformen.

Wir haben in Kapitel eins gelernt, dass Min9-Formen ohne Grundton mit geschichteten Maj7-Formen austauschbar sind. Eine Bm9-Akkordform ohne Grundton hat die gleichen Noten wie ein geschichteter Dbmaj7-Akkord. Die beiden sind austauschbar, und praktischerweise ist Dbmaj7 ein Halbton unter dem Dmaj7-Akkord, auf den wir zusteuern. Daher könnten wir die Tritonussubstitution so ausdrücken:

| Em7 | Bbm9 Dbmaj7 | Dmaj7 | Dmaj7 B7 |

Mit ein paar einfachen Schritten haben wir plötzlich viele Möglichkeiten zur Hand. Hier ist ein Vorschlag für den Weg durch diese Changes. Während deiner Trainingseinheiten ist es deine Aufgabe, deine eigenen zu entdecken.

Die Akkordformen:

Beispiel 5d

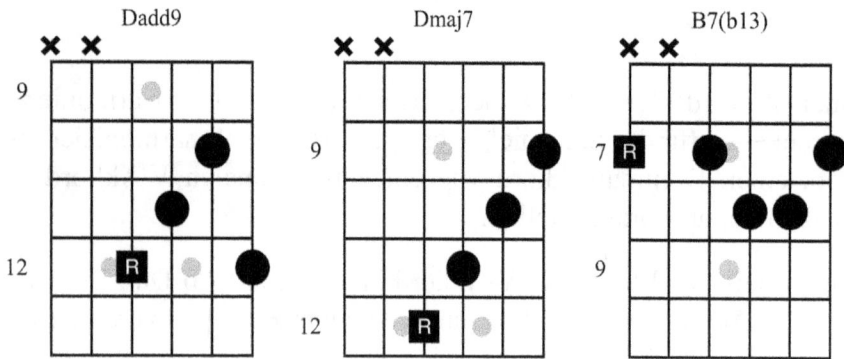

Hier ist nun ein Beispiel für eine Akkordphrase, die auf diesen Änderungen basiert.

Beispiel 5e

3. Maj7b5-Substitution

Im Tritonus-Beispiel #1 ersetzten wir einen dominanten 7. Akkord, der eine b5 über unserem ursprünglichen A7-Akkord liegt, um diese Sequenz zu erzeugen:

| Em7 | Eb7 | Dmaj7 | Dmaj7 B7

Was wäre, wenn wir die *Qualität* dieses Akkords stattdessen in eine große 7. ändern würden? Jetzt haben wir:

Die Sequenz:

| Em7 | Ebmaj7 | Dmaj7 | Dmaj7 B7 |

Dies wird nicht als Tritonus in der traditionellen Harmonk betrachtet, da Ebmaj7 und A7 nur einen gemeinsamen Ton haben. Stattdessen könnte man sich das als einen chromatischen Annäherungsakkord vorstellen – die Annäherung an den Ziel-Dmaj7-Akkord von einem Halbton oberhalb.

Hier ist eine Möglichkeit, diesen Akkordwechsel zu spielen.

Die Akkordformen:

Beispiel 5f

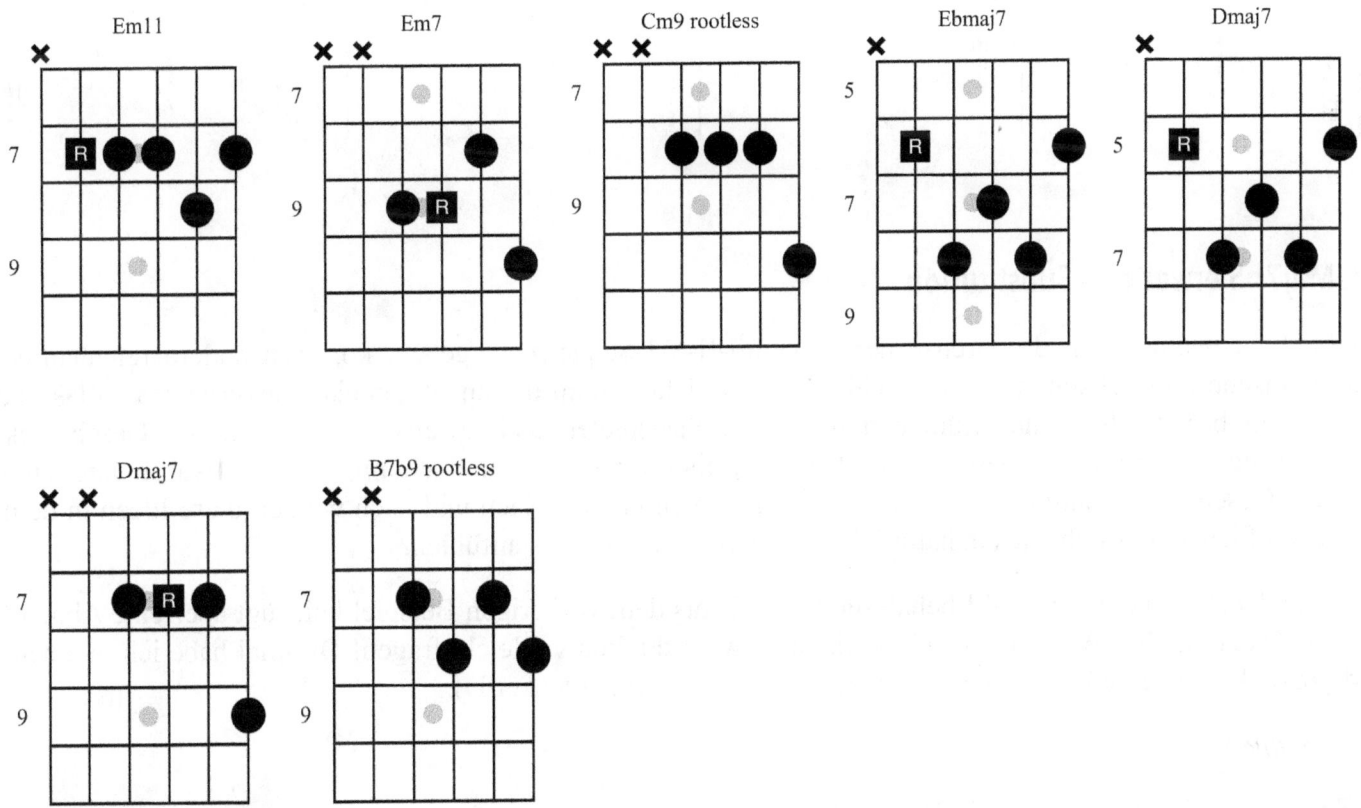

Em11 Em7 Cm9 rootless Ebmaj7 Dmaj7

Dmaj7 B7b9 rootless

Beachte, dass ich das obige Min-9./Maj-7.-Mittel verwendet habe, wobei ich zuerst ein Cm9 ohne Grundton gefolgt von Ebmaj7 gespielt habe.

Diese Substitution hat eine verträumte Qualität und die Spannung des Ebmaj7-Akkords bettelt darum, dass man nach Dmaj7 auflöst. Hier ist ein Beispiel dafür, wie du diese Idee zu einer Akkordphrase entwickeln kannst.

Beispiel 5g

4. Maj7b5 erweiterte Substitution

Sobald du beginnst, an die Grenze der Standard-II-V-I-Sequenz zu gehen, kommen andere reichhaltige harmonische Möglichkeiten ins Blickfeld. Um sich nicht von all diesen Möglichkeiten verwirren zu lassen, ist es am besten, die nullachtfünfzehn ii V I durchzuspielen und jeweils nur *einen* neuen Geschmack hinzuzufügen. Arbeite mit diesem einen Konzept, bis du deine Ideen erschöpft hast, und wähle dann eine andere Geschmacksrichtung, mit der du experimentieren kannst. Nach und nach werden diese Ideen in dein Spiel einfließen und sich wie ein natürlicher Teil deines Vokabulars anfühlen.

Diese nächste Version der ii V I behält die Ebmaj7 aus dem vorherigen Beispiel bei, fügt aber eine Abmaj7 hinzu. Wozu in aller Welt ist Abmaj7 erschienen, wirst du dich vielleicht fragen! Diesmal habe ich in einem Major-7-Akkord eine b5 über Dmaj7 hinzugefügt (Ab ist eine b5 über D).

Die Sequenz:

| Em7 | Ebmaj7 Abmaj7 | Dmaj7 | Dmaj7 B7 |

Auf den ersten Blick mag dies ein wenig außergewöhnlich erscheinen, aber höre, wie es in einer Zone des Halses gespielt klingt. Dieses Arrangement könnte interessant sein, wenn man einen anderen Instrumentalisten in einer Duo-Situation unterstützt, oder als Einleitung für einen Sänger dient.

Die Akkordformen:

Beispiel 5h

Em11 Ebmaj7 Abmaj9 Dmaj7

Dmaj7 B13(b9)

Em11 **Ebmaj7** **Abmaj9** **Dmaj7** **Dmaj7** **B13(b9)**

Beispiel 5i entwickelt diese Substitutionsidee und verwendet verschiedene Akkordformen, um einen räumlichen, offenen Klang zu erreichen.

Beispiel 5i

Em9 Cm9 rootless Abmaj7 Ab6(9)

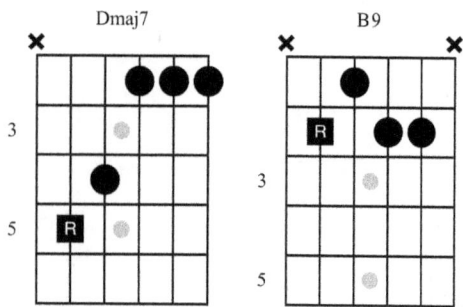

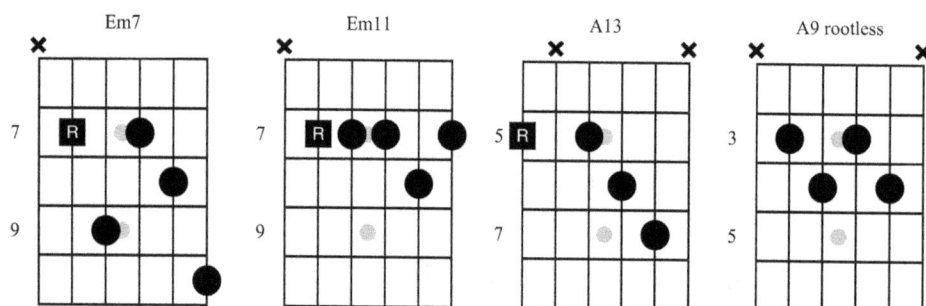

5. ii V nach oben transponiert b3-Substitution

Ein weiteres übliches Bebop-Mittel ist es, eine kurze harmonische oder melodische Sequenz zu nehmen und sie um eine kleine Terz nach oben zu transponieren – ein Abstand von drei Bünden auf der Gitarre. Um diese Idee in eine ii V I-Sequenz zu integrieren, werden die ii V-Kadenzen in der Hälfte des normalen Rhythmus gespielt, so dass sie jeweils einen Takt belegen.

Die Sequenz:

| Em7 A7 | Gm7 C7 | Dmaj7 | |Dmaj7 B7 |

Die Akkordformen:

Hier ist eine Akkordformsequenz mit dieser Substitution, die wiederholt von hoch nach tief für jeden Akkord absteigt.

Beispiel 5j

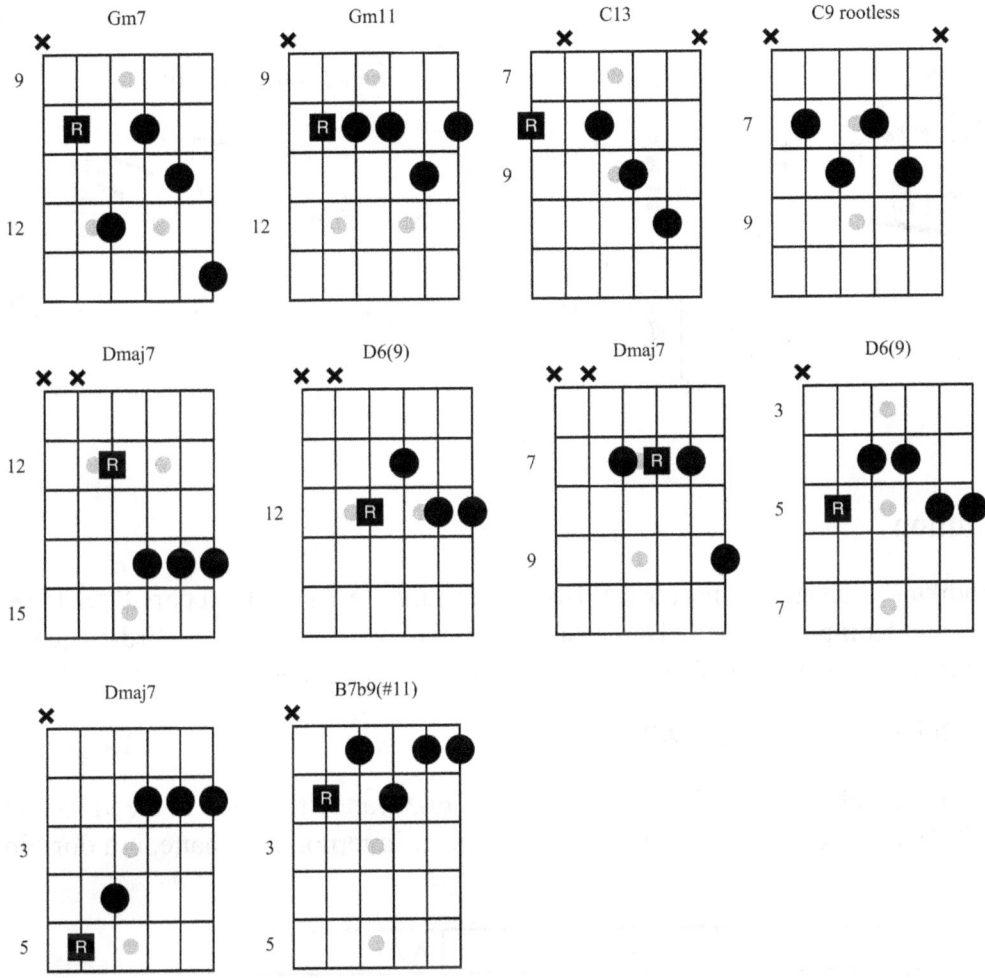

Beispiel 5k zeigt, wie du die kleine Terz in einer Akkordphrase verwenden kannst.

Beispiel 5k

6. „Lady Bird" b5Maj7-Substitution

Schauen wir uns einen letzten, radikalen Ansatz zu unserer ii V I-Sequenz an. *Lady Bird* ist ein populärer Jazz-Standard, der 1939 vom Pianisten und Komponisten Tad Dameron geschrieben wurde. Die *Lady* Bird-Sequenz ist eigentlich ein I vi ii V in C-Dur, aber wir werden sie so transponieren, dass sie in der Tonart D-Dur bleibt.

I vi ii V in der Tonart D-Dur ist: Dmaj7 - Bm7 - Em7 - A7

Dameron alterierte die Änderungen, um alle Akkorde in große Septimen umzuwandeln, indem er die vi ii- und V-Akkorde ersetzte. Die folgende Tabelle zeigt die logischen Schritte, die er unternommen hatte, um dorthin zu gelangen.

Original	Dmaj7	Bm7	Em7	A7
Wechsel zu dominant	Dmaj7	B7	E7	A7
Tritonus-substitution	Dmaj7	F7	Bb7	Eb7
Wechsel zur großen 7.	Dmaj7	Fmaj7	Bbmaj7	Ebmaj7

Angewandt auf unsere Sequenz können wir spielen:

Die Sequenz:

| Em7 | A7 | Dmaj7 Fmaj7 | Bbmaj7 Ebmaj7 |

Ich habe mich am Ende bewusst nicht auf Dmaj7 festgelegt, um das 4-Takt-Muster, mit dem wir arbeiten, beizubehalten. Der Ebmaj7-Akkord könnte sich zu Dmaj7 auflösen, könnte aber ebenso zu einem weiteren Em7 führen, wenn die Sequenz wiederholt wird.

Die Akkordformen:

Hier ist nun eine Möglichkeit, diese Sequenz durchzuspielen, bei der die Akkorde nur mit den oberen vier Saiten arrangiert werden, um die Dinge leicht und räumlich klingen zu lassen.

Beispiel 5l

Zum Schluss noch ein Beispiel für eine letzte Akkordphrase, die aus dieser Sequenz Ideen schöpft.

Beispiel 5m

Hoffentlich hat dieses Kapitel dich dazu inspiriert, dich der Standard-ii-V-I-Sequenz kreativer zu nähern. Ich habe dir ein paar Routen durch jede der Substitutionssequenzen gezeigt, aber natürlich gibt es unendlich viele Kombinationen. Nimm dir in den kommenden Wochen und Monaten Zeit zum Üben, um so viel wie möglich mit den Akkordform-Sets aus Kapitel zwei zu erkunden.

Kapitel Sechs – In andere Tonarten & Sequenzen transponieren

Bis jetzt haben wir ausschließlich in der Tonart D-Dur gearbeitet. Es ist hilfreich, neue Ideen und Techniken für eine Weile auf einer Tonart anzuwenden, um einen klaren Blick darauf zu haben, wo wir angefangen haben und wo wir jetzt sind. Jetzt ist es jedoch an der Zeit, andere Tonarten zu erforschen. In diesem Kapitel werden wir ...

- ii V I-Sequenzen in einigen populären Jazztonarten spielen

- das Griffbrett mit Akkordformen in der neuen Tonart ausarbeiten

- Beispiele für melodische Akkordphrasen in der neuen Tonart lernen

Der Platz erlaubt es mir nicht, zu viele Tonarten abzudecken, also habe ich mich auf ein paar Wesentliche konzentriert: die Tonarten F-Dur und Bb-Dur, einem modalen Stück in C-Moll und eine Bb-Blues-Sequenz, die einige Substitutionsideen enthält. Alle diese Tonarten sind im Jazz sehr beliebt.

Die Tonart F-Dur

Es gibt eine Reihe von großen Jazzstandards in der Tonart F-Dur. Höre dir folgende an:

The Nearness of You

Have You Met Miss Jones

Polka Dots and Moonbeams

Girl from Ipanema

Embraceable You

Georgia

Unten habe ich die Akkordformen für die Akkorde ii (G-Moll), V (C-Dominant) und I (F-Dur) abgebildet. Deine Aufgabe ist es:

- Alle Form-Sets durchspielen

- sie in Zonen am Hals zu kombinieren, um ii V I zu spielen

- vertikale Muster auszuarbeiten, die sich über das Griffbrett erstrecken

- einige Akkordphrasen zu komponieren

Mein Tipp an dich ist, dir zu eigen zu machen, was jede neue Tonart zu bieten hat. Bestimmte Kombinationen klingen in einer Tonart großartig und in einer anderen nicht so gut. Das kann mit dem Bereich des Halses zusammenhängen, in dem man spielt, wie die Akkorde dort resonieren und ob offene Saiten ins Spiel gebracht werden können. Experimentiere und lass dir von deinen Ohren sagen, was gut klingt!

Hier sind die Akkordformen:

G-Moll-Akkordformen:

Beispiel 6a

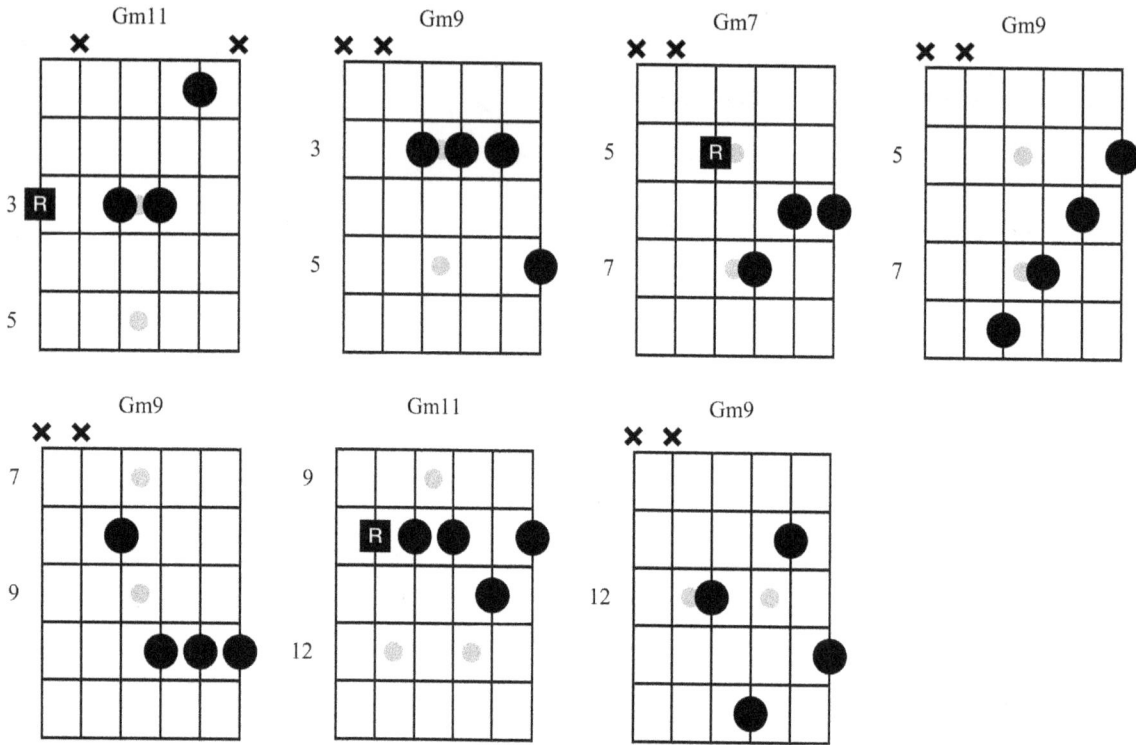

C-Dominant-Akkordformen:

Beispiel 6b

F-Dur-Akkordformen:

Beispiel 6c

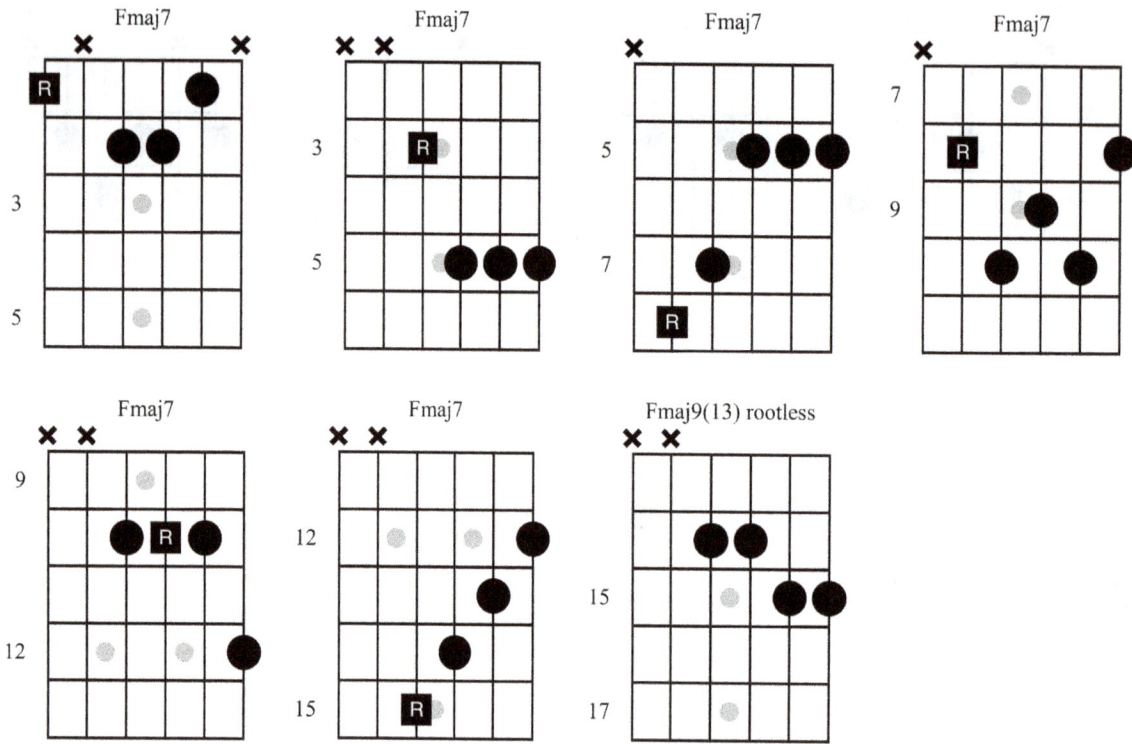

Sobald du mit der Lage der Akkordformen auf dem Hals vertraut bist, ist es Zeit, einige Akkordphrasen zu komponieren, die mehrere Voicings kombinieren. Hier sind ein paar Beispiele, um dir den Einstieg zu erleichtern.

Beispiel 6d

Beispiel 6e

Die Tonart Bb-Dur

Zu den populären Jazzstandards in der Tonart Bb-Dur gehören:

Someday My Prince Will Come

I Got Rhythm (Anthropology, Dexterity, all rhythm changes tunes)

Doxy

Freddie Freeloader

My Foolish Heart

Unten sind die Akkordformen für die Akkorde ii (C-Moll), V (F7) und I (Bb-Dur) aufgeführt.

C-Moll-Akkordformen:

Beispiel 6f:

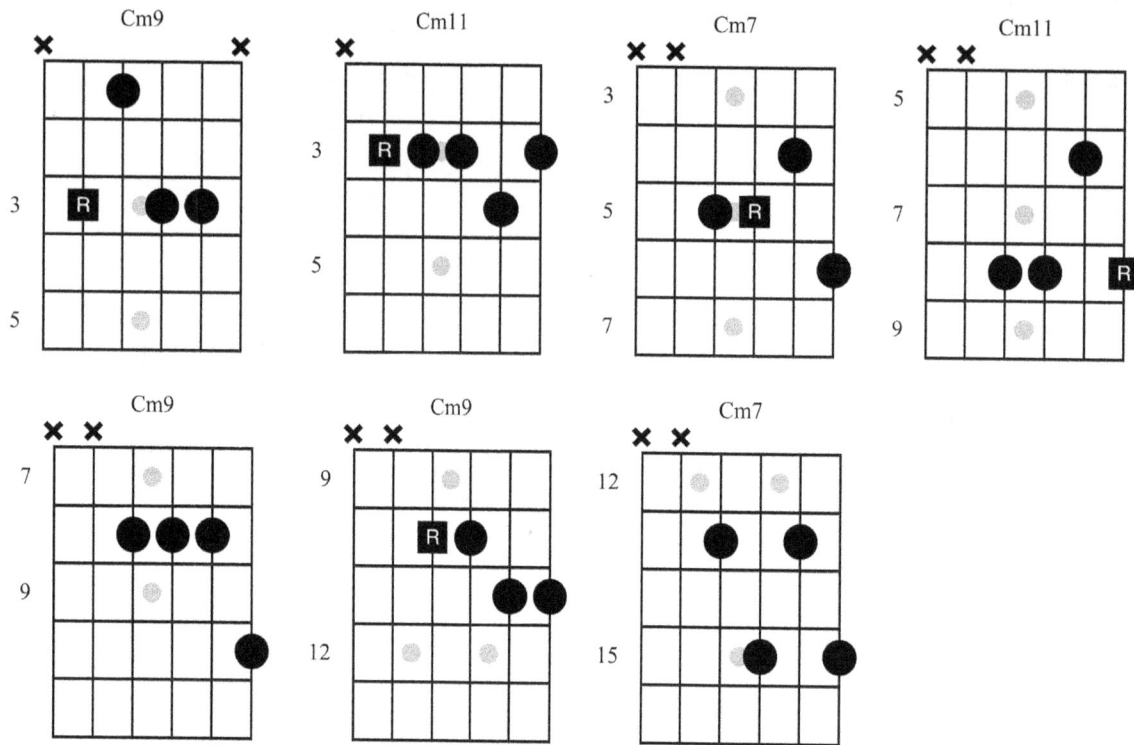

F-Dominant-Akkordformen:

Beispiel 6g

F7   F13   F9   F7#11   F7

F9   F13   F9(13)   F13

F7   F13   F9   F7#11

F7   F9   F13   F9(13)   F13

Bb-Dur-Akkordformen:

Beispiel 6h

Hier nun einige Akkordphrasen-Ideen in Bb-Dur.

Beispiel 6i

Beispiel 6j

Modales Stück in C-Moll

Jetzt werden wir uns ansehen, wie wir das vertikale Akkordspiel auf ein modales Stück in C-Moll anwenden können. Es ist eine einfache Harmonie aus drei Akkorden, bestehend aus C-moll, F-moll und G-Alterierte Dominante.

Wir haben bereits eine Reihe von C-Moll-Formen ausgearbeitet, und es ist vollkommen in Ordnung, diese zu verwenden. Aber für dunkler klingende modale Stücke (wie Wayne Shorters *Footprints*), die die oben genannten drei Akkorde verwenden, habe ich gerne ein anderes Werkzeug zur Verfügung: *Quarten-Voicings*.

Quarten-Voicings haben einen coolen, ungelösten, leicht angespannten Klang. Normalerweise bauen wir unsere Akkord-Voicings aus geschichteten Terzen, aber hier bauen wir sie aus geschichteten Quarten.

Wenn wir über einer modalen Melodie wie *Footprints,* Miles Davis' *So What* oder John Coltranes *Impressions*, die alle lange Perioden eines einzigen Moll-Akkords haben, solistisch spielen, greifen wir oft zum dorischen Modus, der wunderbar zum coolen Vibe passt. Ich harmonisiere gerne den dorischen Modus, um eine Reihe von Quarten-Voicings zu erzeugen, die sich über den Hals erstrecken.

Die C-Dorische Tonleiter (Modus 2 in der Tonart Bb-Dur) wird aus folgenden Noten aufgebaut:

C D Eb F G A Bb

Wenn wir auf C beginnen und jede vierte Note nehmen, um ein Vier-Noten-Akkord-Voicing zu erzeugen, erhalten wir C, F, Bb und E. Auf dem Gitarrenhals arrangiert, bildet dies einen Cm11-Akkord.

Geht man zur nächsten Note in der Tonleiter (D) und wiederholt den Vorgang, erhält man D, G, C und F. Auf der Gitarre bildet dies einen Dm11-Akkord.

Der dritte Akkord ist aus Eb aufgebaut und enthält die Töne Eb, A, C und G, die Ebmaj#11 bilden, und so weiter.

Die Akkorddiagramme unten zeigen den gesamten Akkordsatz einschließlich des C-Akkords eine Oktave höher. Obwohl wir diesen Formen Akkordnamen zuordnen können, glaube ich nicht, dass das hilfreich ist, wenn man über einen Song in der Tonart C-Moll improvisiert. Ich verstehe sie eher als "CMoll-Akkordform-Optionen", die über lange Modal-Vamps gespielt werden können. (Du kannst diese Akkordformen um einen Ton nach D-Moll transponieren und damit über einen Backing Track mit den *So What*-Changes spielen).

Hier ist der ganze Satz von Akkordformen:

Beispiel 6k

74

Als nächstes haben wir einen Satz vertikaler F-Moll-Akkorde.

F-Moll-Akkordformen:

Beispiel 6l

Und um den Satz zu vervollständigen, sind hir die G-Dominant-Akkordformen.

NB: in der Tonart C-Moll ist der Akkord V G-Moll, aber er wird typischerweise in einem modalen Stück oder im Moll-Blues zu einem Dominantakkord verändert, um die Spannung zu erhöhen und zu lösen, wenn er sich zum I-Akkord auflöst. Gelegentlich habe ich mich für einen geraden G13-Akkord entschieden, wenn dieser besser klang und besser in die vertikale Sequenz passte.

G-Alterierte Dominant-Akkordformen:

Beispiel 6m

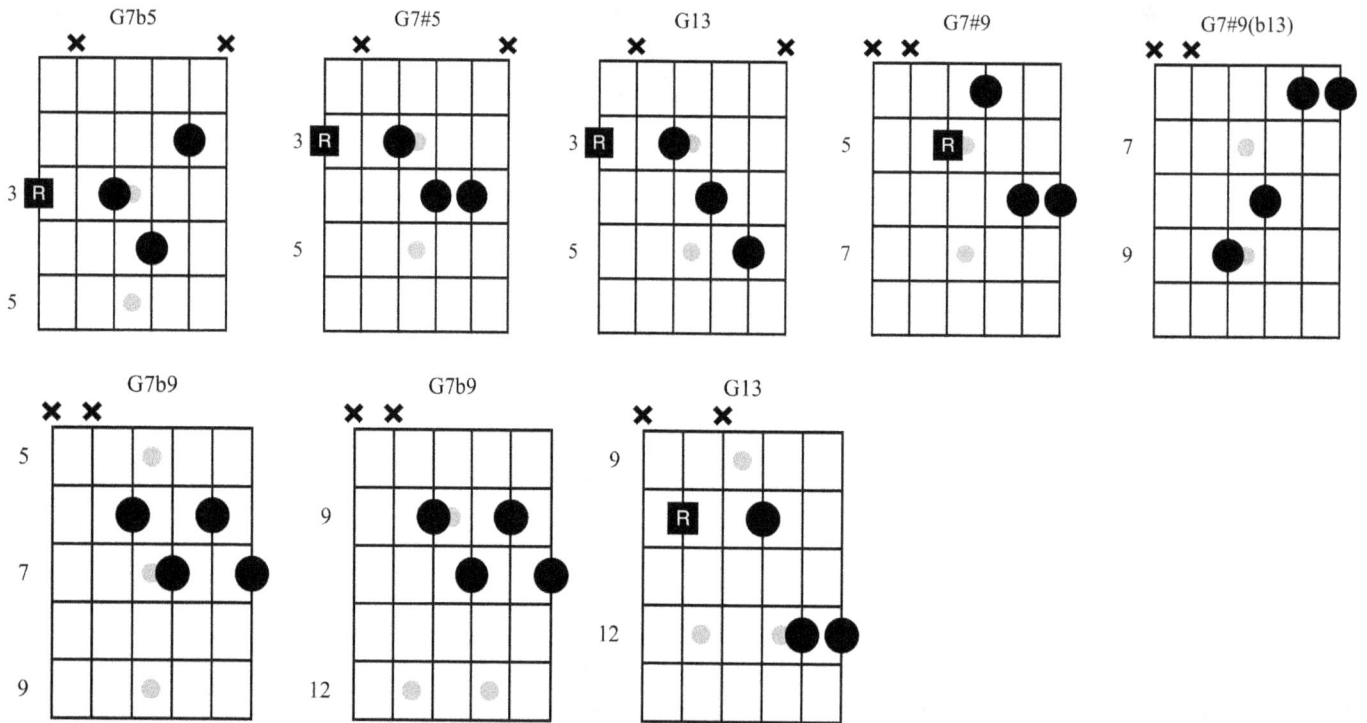

Mit diesen Akkordsätzen kannst du über Stücke wie *Blue Bossa* und natürlich *Footprints* spielen. Hier ist eine Akkordphrasen-Idee, die nur die C-Moll-Akkordformen verwendet. Im letzten Kapitel lernst du ein Comping-Schema, um das ganze Stück zu spielen.

Beispiel 6n

Bb-Blues

Es ist immer hilfreich, neue Konzepte auf einen Blues anzuwenden – die Grundlage von Jam-Sessions und das Format, über das so viele von uns gelernt haben, zu improvisieren. Unten habe ich vertikale Akkordformen für den grundlegenden Drei-Akkord-Blues bereitgestellt. Neben den Standard-Akkordformen habe ich jedoch auch einen Satz von Moll-Akkordformen beigefügt.

Bereits in Kapitel eins haben wir das Konzept des Ersetzens von Akkorden ohne Grundtöne aus verschiedenen Tonalitäten besprochen. Wir haben festgestellt, dass durch unterschiedliche Betrachtung der Intervalle eine Notenschichtung je nach Kontext als Dur, Moll oder Dominante interpretiert werden kann.

Hier ist eine coole Blues-Substitutionsidee, die auf diesem Konzept basiert. Für jeden Dominantakkord kannst du Akkorde aus der Moll-Tonalität, die eine Quinte darüber liegt, substituieren. Im Fall der Bb-Dominante bedeutet dies, dass wir F-Moll-Akkorde ohne Grundtöne verwenden können. Diese Idee wurde schon von vielen Koryphäen der Jazzgitarre mit großem Erfolg eingesetzt, aber von niemandem mehr als von Wes Montgomery und Pat Martino.

Warum funktioniert sie also?

Das liegt einfach an den gemeinsamen Noten (siehe unten) und der unterschiedlichen Betrachtung der Intervalle. Der Akt des *Denkens in* F-Moll beim Spielen über einem Bb-Dominant-Akkord hilft uns jedoch, schnell zu den bekannten Akkordformen zu gelangen.

Nehmen wir einen Bb13-Akkord – üblicherweise als Akkord I in einem Jazz-Blues gespielt. Er wird wie folgt aufgebaut:

Bb13	Bb	D	F	Ab	C	Eb	G
Intervalle	Grund-ton	3.	5.	7.	9.	11.	13.

Die nächste Tabelle zeigt den Effekt der Überlagerung von Bb13 mit einem Fm7-Akkord. Die erste Zeile gibt die Noten an, die den Fm7-Akkord bilden. Die zweite Zeile zeigt die Intervalle von Fm7. Die dritte Zeile zeigt, welche Intervalle bei der Überlagerung eines Bb13-Akkords hervorgehoben werden.

Fm7	F	Ab	C	Eb
Fm7-Intervalle	Grundton	3.	5.	7.
Bb13-Intervalle	5.	7.	9.	11.

Ein Fm9-Akkord, der über Bb13 gelegt wird, fügt eine weitere farbenfrohe Note hinzu:

Fm9	F	Ab	C	Eb	G
Fm9-Intervalle	Grundton	3.	5.	7.	9.
Bb13-Intervalle	5.	7.	9.	11.	13.

Wenn wir dieses Denken auf die gesamte Blues-Sequenz anwenden und Ersatzakkorde aus der Moll-Tonalität jeweils eine Quinte darüber setzen, erhalten wir:

Bb-Dominante = F-Moll

Eb-Dominante = Bb-moll

F-Dominante = C-Moll

In der Praxis bedeutet dies, dass wir nun *sechs* statt drei *Sätze von* Akkordformen haben, mit denen wir arbeiten können. Wir können uns frei zwischen dem Dominant- und Moll-Voicing bewegen und haben plötzlich viel mehr kreative Möglichkeiten. Wenn wir vertikal spielen, um den gesamten Hals zu überspannen, können wir jede "Lücke" füllen.

Wichtiger Hinweis! Dieses Konzept funktioniert wunderbar mit Moll-Akkord-Voicings – idealerweise mit Versionen ohne Grundtöne. Akkord-Voicings mit einem Grundton sind in Ordnung, wenn sie auf den oberen vier Saiten angeordnet sind. Spiele einfach z. B. keinen schwer klingenden F-Moll-Akkord in der ersten Position!

Der beste Weg, dieses Konzept zu verstehen, ist, es in Aktion zu hören. Höre dir Wes Montgomerys Track *Cariba* vom Album *Full House* an. Dies ist ein Bb-Blues, aber das Stück ist aus Fm7-Voicings gemacht. Wenn die Sequenz nach Eb7 wechselt, spielt Wes Bb-Moll-Voicings und so weiter.

Zu den Audio-Beispielen dieses Buches habe ich einen Bb-Blues nur mit Schlagzeug und Walking Bass beigefügt. Dies ist für dich gedacht, um diese Ideen zu testen. Deine Aufgabe ist es:

- die Blues-Sequenz nur mit Dominant-Akkordformen zu spielen

- die Sequenz mit Dominantakkorden zu spielen und ein oder zwei Moll-Akkordsubstitutionen einzuführen

- die Sequenz nur mit Moll-Akkordformen zu spielen

- beide Formensätze nach deinem Geschmack zu kombinieren

Denke daran, dass es *zwei Sätze von* Akkordformen gibt, die du für jeden Akkord in der Standard-Blues-Sequenz verwenden kannst. Einige dieser Akkorde haben wir schon früher behandelt, deshalb werde ich sie hier nicht wiederholen. Ich habe nur die neuen Formen, die du brauchst, herausgearbeitet.

Bb-Dominant-Akkordformen:

Beispiel 60

Bb13   Bb7b9   Bb9sus(13)   Bb9   Bb9

Bb7   Bb7#11   Bb13

Beziehe dich nun auf die F-Moll-Akkordformen aus Beispiel 6l.

Eb-Dominant-Akkordformen:

Beispiel 6p

Die Moll-Tonart, die eine 5. über der Eb-Dominante lieg, ist Bb-moll. Hier sind die Akkordformen.

Bb-Moll-Akkordformen:

Beispiel 6q

Der V-Akkord des Blues in Bb-Dur ist F7. Die vertikalen Akkordformen für F7 haben wir bereits in Beispiel 6g oben abgebildet. Ebenso haben wir die C-Moll-Formen. Beispiel 6f zeigt die "regulären" Formen und Beispiel 6k zeigt die Quarten-Voicings. Auch hier kannst du die Quarten-Formen verwenden!

Beziehe dich auf all diese Formen, wenn du das Comping über die gesamte Blues-Sequenz übst.

Beispiel 6r zeigt, wie du eine Auswahl dieser Formen verwenden kannst, um zwei Chorusse eines Bb-Blues zu durchlaufen. Die Möglichkeit, zwischen Dominant- und Moll-Akkordformen zu wechseln, eröffnet viele weitere Möglichkeiten. Am Anfang mag es eine Weile dauern, bis du dir die Moll-Gegenstücke der vor dir liegenden Akkorde vorstellen kannst, aber durch Übung wird es zur zweiten Natur und du wirst nach Belieben zwischen ihnen wechseln können.

Im folgenden Beispiel habe ich die Akkordnamen absichtlich weggelassen. Schau in den entsprechenden Akkord-Sets nach, ob du die verwendeten Akkorde identifizieren kannst. Es ist eine Mischung aus den originalen Dominantakkorden, Moll-Substitutionen eine 5. darüber und einigen wenigen Quarten-Voicings.

Beispiel 6r

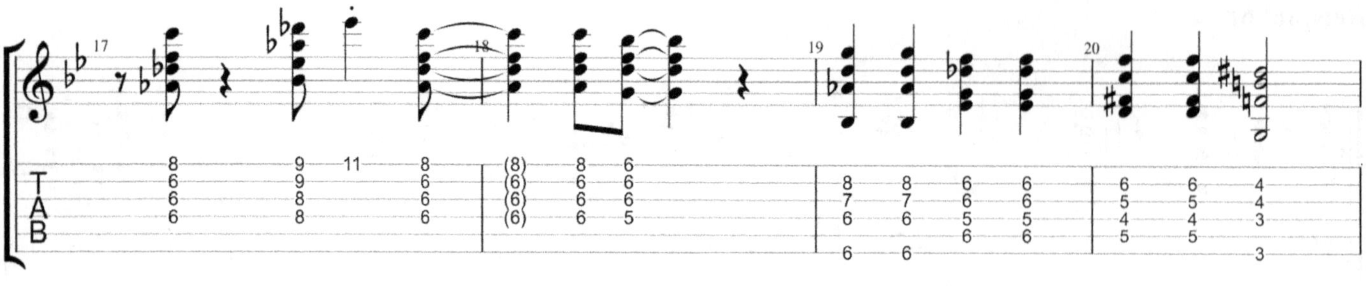
TAB

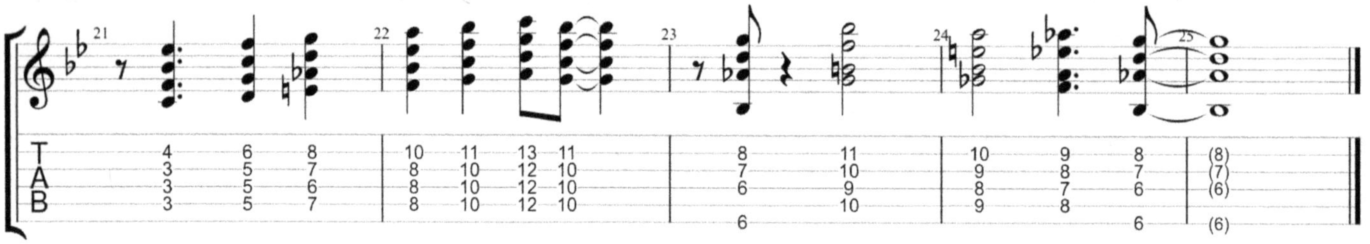
TAB

Kapitel Sieben – Ausarbeitung der Moll-ii V I

Bis jetzt haben wir mit der allgegenwärtigen Dur-ii V I-Sequenz gearbeitet. Um dir einen kompletten Satz von Werkzeugen zu geben, mit dem du jeden Jazzstandard in Angriff nehmen kannst, werden wir in diesem Kapitel *eine* Moll-ii V-I Sequenz ausarbeiten. Im letzten Kapitel werden wir untersuchen, wie man kreatives Akkorddenken auf die bekannten Changes von *Autumn Leaves*, das diese beiden Sequenzen enthält, anwenden kann.

Die Beispiele in diesem Kapitel werden in der Tonart D-Moll sein, also ist unsere ii V I- Sequenz:

Em7b5 - A7 - Dm7

Streng genommen sollte die Moll-ii V I-Progression, abgeleitet von der Harmonisch-Moll-Tonleiter, folgendermaßen geschrieben werden:

Em7b5 - A7alt - Dm(maj7)

Du wirst dies gelegentlich in Melodien wie z. B. Horace Silvers *Nica's Dream* hören, aber die meisten Jazzstandards haben ein "unvollkommenes" ii V I, das mit einem geraden Moll-Akkord endet (wie z. B. in *Autumn Leaves*).

Nebenbemerkung: Jazzkomponisten mögen das Überraschungselement, daher enthalten einige Standards Moll-ii-V, die eher mit einem Dur- als Moll-Akkord enden. Schau dir zum Beispiel *How High the Moon* und *Stella by Starlight* an. Für eine umfassende Anleitung zur Moll-ii V i-Sequenz gibt es keine bessere Ressource als Joseph Alexanders Buch *Moll ii V i meistern für Gitarre*.

Ausarbeitung der Moll ii V i

Inzwischen solltest du dich daran gewöhnen, einen Akkord über das Griffbrett auszuarbeiten. Wir werden die gleiche Methode wie bisher anwenden. Deine Aufgabe ist es:

- alle Akkordformsätze durchzuspielen

- sie in Zonen am Hals zu kombinieren, um ii V i zu spielen

- einige vertikale Muster auszuarbeiten, die sich über das Griffbrett erstrecken

- einige Akkordphrasen zu komponieren

Wie zuvor werde ich einige Beispiele nennen, um dir den Einstieg zu erleichtern. Spiele zunächst die folgenden Formen für den Em7b5-Akkord durch.

Em7b5-Akkordformen:

Beispiel 7a

Wir haben schon früher an A-Dominant-Akkordformen gearbeitet, aber hier ist ein Satz von Formen, die speziell ausgewählt wurden, um gut mit m7b5-Akkorden kombiniert zu werden.

A-Dominant-Akkordformen:

Beispiel 7b

Schließlich gibt es hier einen Satz von D-Moll-Akkordformen, die die obigen ii-V-Formen ergänzen.

D-Moll-Akkordformen:

Beispiel 7c

Hier sind ein paar Beispiele, wie du diese Akkordformen zu gefälligen vertikalen Akkordmustern kombinieren kannst, wenn du die Moll-ii V i-Sequenz spielst.

Beispiel 7d

Em7♭5   Em7♭5   A7   A7#5

Dm11   Dm7   Dm11

Beispiel 7e

Em7♭5   Em7♭5   A7#9   A7sus(♭9)

Dm9   Dm7   Dm11

Beispiel 7f

Em7♭5   Em7♭5   Em7♭5   A7♯9

Dm9   Dm11   Dm11   Dm9

Beispiel 7g

Em7♭5   Em7♭5   Em7♭5   Em7♭5   A7♭9   A7♭9   A79   A7sus(♭9)

Dm9   Dm7   Dm11   Dm11   Dm9

Dies war ein sehr kurzer Blick auf die Moll-ii V i, aber wende alles bisher Gelernte an und experimentiere mit der Moll-ii V i in verschiedenen Tonarten.

Kapitel Acht – Akkorde kreativ auf einen Jazz-Standard anwenden

Ich hoffe, dass die bisher abgedeckten Themen dein praktisches Wissen über Akkord-Voicings und die Möglichkeiten, die dir beim Comping zur Verfügung stehen, erweitert haben. Wir waren auf einer Reise, um aus dem Trott des Spielens in "sicheren Bereichen" des Griffbretts auszubrechen. Von diesem Zeitpunkt an geht es darum, das Gelernte auf die Musik anzuwenden, die man liebt. Wenn du dir die Arbeit machst, deine Lieblings-Jazzstandards zu meistern, wird sich das in allen Aspekten deines Spiels auszahlen.

In diesem Kapitel gebe ich dir Schemata für das Spielen der Changes zweier großer Jazzstandards: *Autumn Leaves* und eine Version des modalen Stücks *Footprints*. Der erste hat mehr Akkordwechsel, also werden wir das Gelernte sorgfältig anwenden, um ein gefälliges Akkordarrangement zu erstellen. Letzteres hat mehrere Takte mit einzelnen Akkorden, so dass wir hier erforschen können, wie man mit Akkord-Vamps kreativ sein kann, um Interesse und Schwung zu erzeugen.

Wie man die Technik auf eine beliebige Akkordfolge anwendet

Wenn du die vertikale Akkordzuordnung auf eines deiner Lieblingsstücke anwenden willst, greife auf das Material zurück, das wir bereits behandelt haben, und folge dieser Methode:

- Identifiziere zunächst beliebige ii V I-Sequenzen in der Melodie.

- Schaue dir die in den Kapiteln zwei und sieben behandelten Akkordform-Sets an.

- Transponiere sie in die richtige Tonart für deine Stück und beginne, vertikale Akkordfolgen mit den Formen zu erstellen. Es wird helfen, die eigenen Akkorddiagramme aufzuschreiben. Denke daran, dass die Akkordformen eine *sich wiederholende* Sequenz bilden, also beginne für jeden Akkord mit der Suche nach dem *tiefsten spielbaren Voicing* auf dem Griffbrett und arbeite dich nach oben.

- Übe das Spielen der ii V I-Sequenzen in verschiedenen Zonen am Hals.

- Nun arbeite einige vertikale Sequenzen aus, die mehrere Formen für einen oder alle Akkorde verwenden.

- Experimentiere schließlich, um einige Akkordphrasen zu erstellen, die du als Begleitung oder für ein akkordbasiertes Solo verwenden kannst.

Autumn Leaves

Dies ist ein Stück, das zwei verschiedenen Hälften hat, Dur- und Moll-ii V I, und sich geschickt in einer Schleife dreht, um zum Anfang zurückzukehren. Ich nenne die erste Hälfte "Abschnitt A" und die zweite Hälfte "Abschnitt B". Unten habe ich zwei verschiedene Möglichkeiten aufgezeigt, wie man den A-Teil spielen kann und eine Möglichkeit, wie man den B-Teil spielen kann. Die Diagramme unten zeigen jeden Akkord, den du spielen wirst in der Reihenfolge, also spiele sie zuerst in freiem Rhythmus durch.

Abschnitt A – Version 1

Am9	D9	D7b9	Gmaj9	Cmaj7	F#m7b5

B9	Em11	F#m11	Em11	Am7	D13

D7#5	Gmaj7	Cmaj9	F#m7b5	B7#5	Em9

So klingen diese Akkorde über einem Backing-Track. (Ein Bass und Schlagzeug-Backing-Track ist im Audio-Download enthalten, damit du dazu üben kannst).

Beispiel 8a

Ich habe diese Akkord-Voicings so arrangiert, dass es möglich ist, eine melodische Linie um sie herum zu spielen. Jetzt können sie für Chord-Melody-Soli nützlich werden. Dies ist ein recht einfaches Beispiel zur Veranschaulichung, und du solltest experimentieren, um zu sehen, welche alternativen Akkordphrasen du dir ausdenken kannst. Ich empfehle, zunächst in freiem Rhyhthmus zu spielen, und wenn du einige gute Ideen phrasiert hast, versuche, sie im Tempo zu spielen.

Beispiel 8b

Abschnitt A – Version 2

Versuche nun eine abenteuerlichere Variante, dich durch die Wechsel zu compen – eine, die den vollen Umfang des Griffbretts und mehr Akkorde pro Taktschlag nutzt. Betrachte dies als eine Übung, die dir helfen soll, die vielen Möglichkeiten der Navigation durch die Wechsel zu erkunden. Deine Bandkollegen mögen dir nicht unbedingt dafür danken, dass du bei jedem Schlag einen Akkord spielst (du weißt ja schließlich, dass weniger mehr ist!), aber es ist hilfreich zu sehen, was man hineinlegen kann, bevor man entscheidet, was man weglassen will.

Beispiel 8c

Abschnitt B

Nun wollen wir uns dem Abschnitt B des Stücks zuwenden. Es beginnt mit einer Moll-ii V i, geht dann durch die Wechsel und löst sich schön zum Abschnitt A auf.

Für diesen Abschnitt habe ich mich für offener klingende 7b9-Akkordformen entschieden. Durch ihre bewegliche Natur sind sie ein Geschenk, wenn es darum geht, Melodien zu arrangieren.

Du wirst die Einbeziehung des dunkel klingenden Gmaj7#11-Akkords in Takt 4 bemerkt haben. Dies scheint eine Überraschung zu sein, da der Akkord in den ursprünglichen Changes hier ein Em7 ist, aber es kann erklärt werden! Wenn man diesem Akkord eine E-Bass-Note hinzufügt, könnte man ihn als Em6(9) betrachten, aber als wir den E-Moll-Abschnitt der Melodie spielten, dachte ich einfach darüber nach, die E-Moll-Tonleiter mit Hilfe von Quarten-Voicings aufzusteigen: Em11 - F#m11 - Gmaj7#11.

In Takt 6 ist der Ab7#9 eine b5-Substitution für den D7-Akkord.

Die Takte 11 und 12 in den ursprünglichen Wechseln enthalten zwei ii V-Sequenzen: Em7 - A7 - Dm7 - G7. Ich habe mich dafür entschieden, das A7 durch Ebm11 zu ersetzen – eine ungewöhnliche b5-Moll-Substitution, die aber sehr sinnvoll ist, da sie eine chromatische, absteigende Sequenz erzeugt.

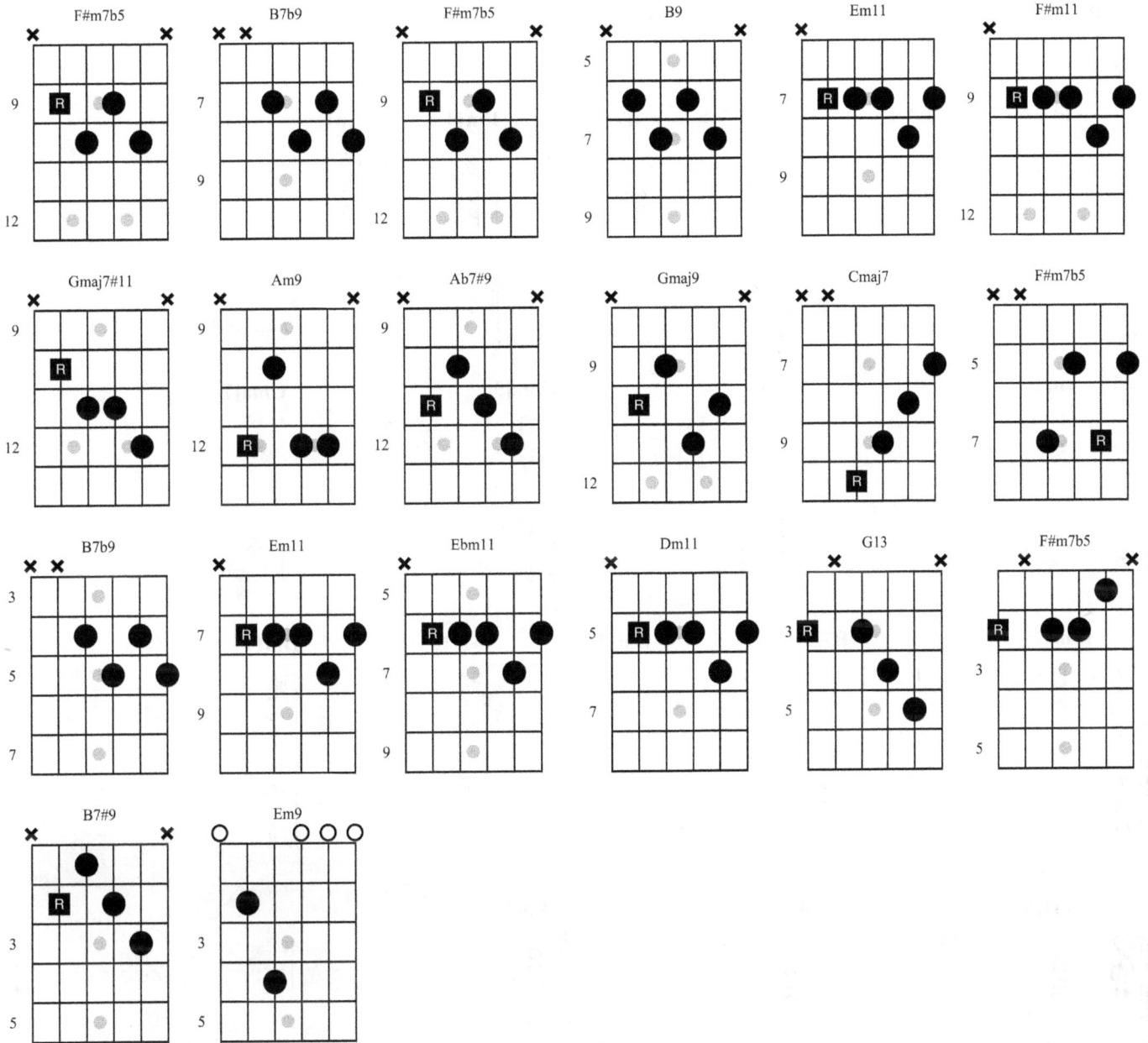

F#m7b5 B7b9 F#m7b5 B9 Em11 F#m11

Gmaj7#11 Am9 Ab7#9 Gmaj9 Cmaj7 F#m7b5

B7b9 Em11 Ebm11 Dm11 G13 F#m7b5

B7#9 Em9

Beispiel 8d

Hier sind nun drei verschiedene Möglichkeiten, wie du die komplette 32-taktige Sequenz durchlaufen kannst, wobei viele der Techniken, die wir behandelt haben, verwendet werden. Probiere die untenstehenden Beispiele aus, jamme dann zum Backing Track und probiere deine eigenen Ideen aus. Ich habe keine Akkordnamen notiert. Du kennst die grundlegenden Akkordwechsel. Schau, ob du alle verwendeten Akkorde identifizieren kannst.

Bcispiel 8e

Beispiel 8f

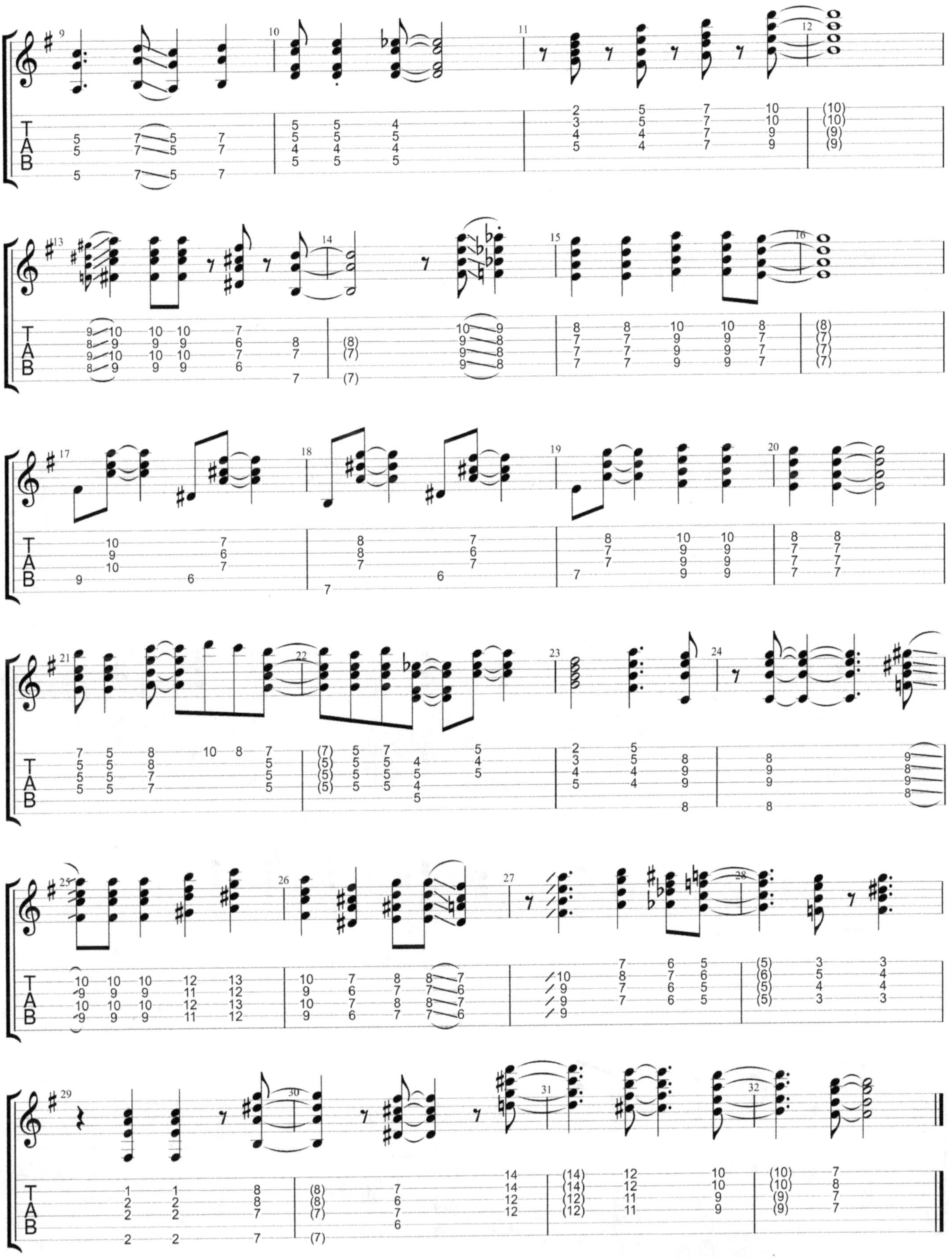

Beispiel 8g

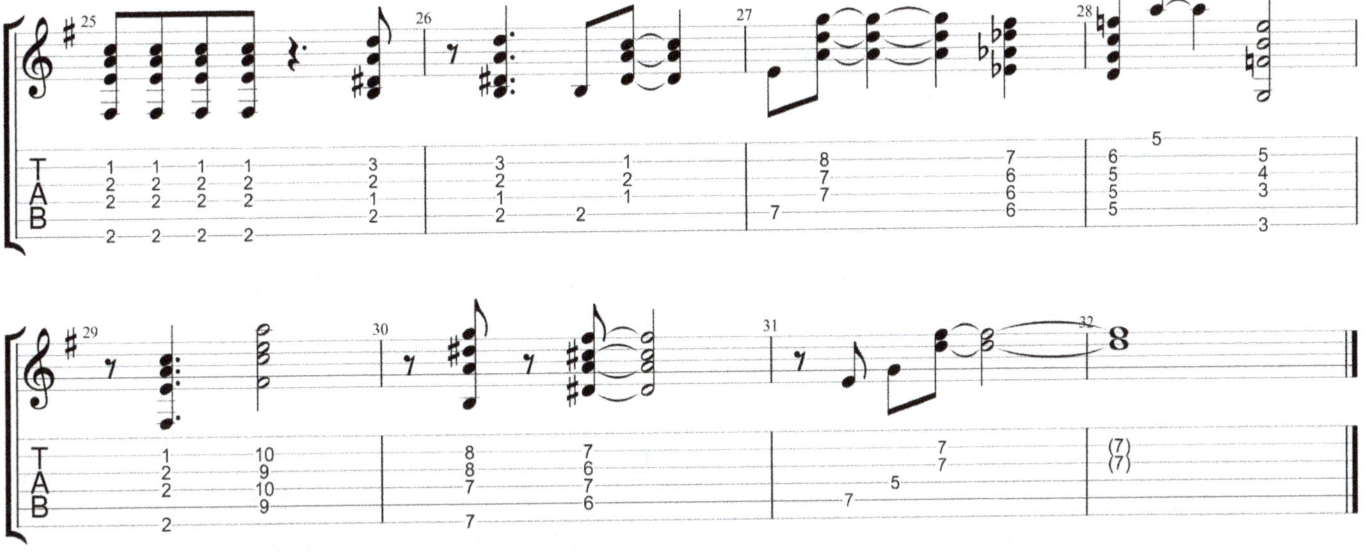

Modale Changes

Unser Beispiel für ein modales Stück basiert lose auf den Akkordwechseln zu Wayne Shorters *Footprints*. Es sind einige verschiedene Versionen des Endes dieses Stücks im Umlauf, da verschiedene Musiker die Akkorde neu harmonisiert haben. Es ist in der Tonart C-Moll und ich habe mich dafür entschieden, den letzten Akkordwechsel nach G7alt zu machen, so dass die ganze Sequenz als eine Art Moll-Blues (wenn auch auf 24 Takte ausgedehnt) betrachtet werden kann.

Dieses Stück ist im 3/4-Takt, so dass es ein anderes Gefühl beim Comping erfordert. Unten habe ich zwei vollständige Versionen der Form gespielt. Hier ist die erste:

Das Beispiel 8g zeigt, wie die Changes über dem Backing-Track klingen. Die Akkorde für die ersten vier Takte sind allesamt Quarten-Voicings, die aus dem C-Dorischen Modus abgeleitet sind. Noch einmal, lass dich nicht von den Akkordnamen verwirren – es ist der Klang, der wichtig ist. In den Takten 19-20 habe ich eine b5-Substitution (Db9 für G7alt) verwendet und dem ersetzten Dominantakkord seinen ii-Akkord (Ab-Moll) vorangestellt.

Beispiel 8h

Hier ist ein zweiter Durchgang der Sequenz. In dieser Version habe ich ausgiebig den gleichen Vier-Noten-Akkord auf den hohen E- und B-Saiten verwendet. Das erste Vorkommen ist der Akkord drei in der untenstehenden Sequenz, gespielt in siebter Position, den du vielleicht als Am11-Akkord erkennst. Da die Bassgitarre jedoch auf einem C-Ton vampt, nimmt der Akkord den Klang eines C6(9)-Akkords an. Jedes Mal, wenn dieser Akkord auftritt, steht er in einem etwas anderen Zusammenhang. Es ist ein vielseitiges Voicing und sein mehrdeutiger Klang macht es ideal für modale Melodien wie diese. Ich habe auch die maj7 für m9-Substitution in diese Version aufgenommen.

Fm9 · F6sus2 · Cm9 · Ebmaj7 · Ebmaj7 · Cm11

G7#9 · Abm9 · Cm9

Beispiel 8i

C7sus · Cm9 · C6(9) · C7sus · Cm11 · Dm11

Cm11 · Dm11 · Cm11 · Dm11

Du wirst feststellen, dass ich keine Akkord-Phrasen-Beispiele für dieses Stück beigefügt habe. Deine Aufgabe ist es, die oben genannten Akkordformen zu verwenden und einige deiner eigenen auszuarbeiten. Experimentiere beim Spielen zum Backing-Track und schau, welche Ideen dir einfallen.

Fazit

Wenn du das Material in diesem Buch sorgfältig durchgearbeitet und diese Ideen in dein Übungsprogramm aufgenommen hast, solltest du auf dem besten Weg sein, das Geheimnis des Griffbretts zu lüften. Wenn du beim Comping eines Stücks mehrere vertikale Akkordformen kombinierst, wirst du sofort musikalischer klingen. Nicht nur wird dein harmonisches Wissen wachsen, sondern du wirst auch beginnen, interessantere melodische Linien zu komponieren, die auf den Akkordformen basieren.

Hier ist eine Erinnerung an die Methode, um dies auf deine bevorzugten Standards anzuwenden:

- Identifiziere zunächst beliebige ii V I-Sequenzen im Stück

- Schau dir die in den Kapiteln zwei und sieben behandelten Akkordform-Sets an

- Transponiere sie in die richtige Tonart für das Stück und beginne, vertikale Akkordfolgen mit den Formen zu erstellen. Es wird helfen, die eigenen Akkorddiagramme aufzuschreiben. Denke daran, dass die Akkordformen eine *sich wiederholende* Sequenz bilden, also beginne für jeden Akkord mit der Suche nach dem *tiefsten spielbaren Voicing* auf dem Griffbrett und arbeite dich nach oben.

- Übe das Spielen der ii V I-Sequenzen in verschiedenen Zonen am Hals

- Nun arbeite einige vertikale Sequenzen aus, die mehrere Formen für einen oder alle Akkorde verwenden

- Experimentiere schließlich, um einige Akkordphrasen zu erstellen, die du als Begleitung oder für ein akkordbasiertes Solo verwenden kannst.

Genieße wie immer dein Spiel und lass dir die Freiheit zum Experimentieren!

Schau dir unsere anderen Bestseller-Jazzgitarrenbücher unter

www.fundamental-changes.com an.

Andere Jazzbücher von Fundamental Changes

100 Classic Jazz Licks For Guitar

Advanced Jazz Guitar Concepts

Fundamental Changes in Jazz Guitar

Jazz Bebop Blues Guitar

Jazz Blues Soloing for Guitar

Jazz Guitar Chord Mastery

Chord Tone Soloing for Jazz Guitar

Martin Taylor – Walking Bass for Jazz Guitar

Martin Taylor – Beyond Chord Melody

Martin Taylor – Single Note Soloing for Jazz Guitar

Minor ii V Mastery for Jazz Guitar

Modern Jazz Guitar Concepts

Rhythm Changes for Jazz Guitar

The Complete Jazz Guitar Soloing Compilation

The First 100 Jazz Chords for Guitar

The Jazz Guitar Chord Compilation

Voice Leading Jazz Guitar